HEYNE BÜCHER

WARWICK WILLIAMS

WENN DIE LIEBE ERLAHMT

POTENZSTÖRUNGEN – PSYCHISCHE UND KÖRPERLICHE URSACHEN DER VERSAGENSÄNGSTE

WILHELM HEYNE VERLAG
MÜNCHEN

HEYNE RATGEBER
08/9446

Aus dem Englischen übertragen von
Monika Paul

Titel der Originalausgabe:
IT'S UP TO YOU
erschienen bei McLennan + Petty Pty. Ltd., Australien

Printed in Germany 1993
Umschlaggestaltung: Atelier Adolf Bachmann, Reischach
Satz: Kort Satz GmbH, München
Druck und Bindung: Presse-Druck Augsburg

ISBN 3-453-06641-3

Inhalt

Vorwort

»Wenn er nicht mehr so will, wie du willst und so oft du willst, dann ist dein Fall hoffnungslos.« Eine der typischen Bemerkungen von Männern mit Potenzschwierigkeiten. Speziell in unserer Gesellschaft können Erektionsprobleme bei Männern tiefgreifende psychologische Verhaltensveränderungen hervorrufen. Viele Männer zweifeln an ihrer Männlichkeit, wenn die Erektion dann, wenn sie es wollen, ausbleibt. Sie befürchten, daß sich ihre Freunde, sollten sie davon erfahren, über sie lustig machen. Viele glauben, ihre Partnerin suche deshalb sexuelle Befriedigung mit anderen Männern. Depressionen sind dann häufig die Folge.

Obwohl inzwischen bekannt ist, daß die Hälfte aller Männer mit Potenzstörungen an einer Krankheit leidet, zuviel raucht, trinkt oder tablettenabhängig ist, können in den restlichen Fällen psychische Probleme für die Störung verantwortlich gemacht werden. Eine wirksame Behandlung muß sowohl auf die physischen als auch auf die psychischen Probleme eingehen.

Warwick Williams verfügt über einen großen Erfahrungsreichtum, was die Identifizierung und Behebung der Ursachen für die Potenzstörung betrifft. Da ihm bekannt ist, wie destruktiv sich Impotenz auswirkt, hat er dieses Buch geschrieben, damit sich Männer selbst helfen können.

Sexuelle Probleme können gelöst werden, wenn der Betreffende erstens an professioneller Hilfe interessiert ist, zweitens die Ratschläge aufmerksam liest und drittens die vorgeschlagenen Übungen macht. Der Autor bietet mit diesem Buch eine detaillierte Beratung an und schlägt dem Leser Schritt für Schritt verschiedene Übungen vor, die ihm, sofern er sie praktiziert, dabei helfen, seine Potenzstörungen zu beheben – zur großen Freude sowohl des Betroffenen als auch seiner Partnerin.

Durch seine leicht verständliche Schreibweise und die einfach auszuführenden Übungen kann dieses Buch vielen Männern bei der Überwindung ihrer Erektionsprobleme eine große Hilfe sein. Es muß jedoch sorgfältig gelesen werden, und die vom Autor vorgeschriebene Vorgehensweise sollte eingehalten werden.

Derek Llewellyn-Jones

Einleitung

Dieses Buch beinhaltet die Erfahrungen, die ich im Laufe von vielen Jahren während meiner Arbeit mit impotenten Männern gemacht habe.

Es richtet sich speziell an Männer mit diesem Problem, aber auch – falls vorhanden – an deren Partnerinnen. Es soll ihnen neue Hoffnung vermitteln, verständliche Problemlösungsmöglichkeiten anbieten und, ganz entscheidend, eine detaillierte schrittweise Anleitung geben, um diese Potenzstörung für immer zu beseitigen.

Ich hoffe, daß die vorgeschlagenen Behandlungsmethoden auch denjenigen gefallen, die beruflich Potenzstörungen bei Männern behandeln, da es kaum detaillierte therapeutische Anweisungen sowie eine konsequent ausgearbeitete Behandlungsmethode gibt.

Ich möchte mich auch bei allen, die mir geholfen und mich inspiriert haben, bedanken, besonders bei Dr. John Ellard, der mir vorgeschlagen hat, ein Buch zu diesem Thema zu schreiben, und mich ermutigte, es auch wirklich zu tun, Dr. Derek Richardson, der so konstruktiv das Manuskript bearbeitet hat, Prof. Derek Llewellyn-Jones, der das Vorwort schrieb, Pamela Petty von Williams &

Wilkins, ADIS für wertvollen redaktionellen Rat und Beistand, Penny Zylstra für die Illustrationen, und nicht zu vergessen meiner Frau Elizabeth, die viele Vorschläge machte, alles tippte und während der ganzen Zeit die nötige Geduld aufbrachte, bis meine Ideen und Erfahrungen druckreif waren. Natürlich habe ich alles wirklich Wichtige, das ich hier unterbreite, von meinen Patienten gelernt, denen ich zu tiefem Dank verpflichtet bin.

Warwick Williams, Mai 1985

1. Kapitel

Warum Selbsthilfe?

Je älter ein Mann ist, desto häufiger können Erektionsprobleme auftreten. Permanente Impotenz kann zu vermindertem Selbstvertrauen, zu Eheproblemen und psychischen Verhaltensänderungen bis zum Leistungsabfall im Beruf führen. Erschwerend kommt hinzu, daß dieses Problem für die meisten Männer ein heikles Thema ist.

Man findet wenig Wissenswertes über Impotenz in der Presse oder den sonstigen Medien, auch sind Männer im Gegensatz zu Frauen weit weniger an genauer Information, was ihre sexuellen Probleme betrifft, interessiert. Diese Misere wird noch dadurch erschwert, daß es zahlreiche Mythen, irreführende Informationen und Meinungsverschiedenheiten zum Thema Impotenz gibt.

Vom medizinischen Standpunkt aus ist Impotenz ein äußerst kompliziertes Problem, das sich mit zunehmendem Wissen sogar noch verstärkt. Zukünftige Ärzte lernen während ihrer medizinischen Ausbildung nicht, wie sie den Patienten erfolgreich behandeln können, sondern sie lernen nur die damit zusammenhängenden Hintergründe kennen sowie die allgemeinen Behandlungsprinzipien.

Selbst wenn ein impotenter Mann seine Angst und seine Verlegenheit überwindet und sich seinem Hausarzt anvertraut, hat dieser oft nicht das ausreichend qualifizierte Fachwissen, um effektiv helfen zu können. Das führt oft dazu, daß sich der Betroffene an einen der zahlreichen Spezialisten wendet, aber selbst diese verfügen oft nicht über die notwendigen Diagnose- und Behandlungsmethoden. Viele dieser Fachärzte sind für die Therapie der Impotenz nicht ausgebildet, sie können sie oft nur mit ähnlichen Fällen aus ihrer Praxis vergleichen. Es gibt natürlich einige speziell für Sexualprobleme ausgebildete Therapeuten. Aber bei diesen sind die Wartelisten sehr lang.

Ungeachtet all dessen bleibt die Tatsache bestehen, daß die meisten Fälle von Impotenz durch relativ einfache Behandlungsmethoden überwunden werden können. Die moderne Sexualtherapie legt großen Wert auf Übungen, die zu Hause immer wieder praktiziert werden sollen, und der wichtigste Teil der Behandlung findet auch tatsächlich bei dem Betroffenen zu Hause unter Anleitung statt. Steht einem impotenten Mann eine detaillierte schrittweise Übungsmethode zur Verfügung, mit deren Hilfe er sein Problem überwinden kann, so kann auch in den meisten Fällen die Konsultation eines ausgebildeten Therapeuten reduziert werden oder ganz wegfallen.

Es kann nicht ausdrücklich genug betont werden, daß *die größten Erfolge* mit Selbsthilfeverfahren erreicht worden sind, vorausgesetzt diese sind ausreichend *verstanden* und *absolut korrekt ausgeführt* worden! Nach so vielen Jahren klinischer Erfahrung habe ich größten Respekt vor Menschen, die bereit sind, sich selbst zu helfen, und die sich aus eigener Kraft heraus bemühen, sich von ihren

Problemen zu befreien. Auch ein Therapeut kann nur Anleitungen geben und Übungen vorschlagen. Aufgrund all dieser Erfahrungen empfiehlt dieses Buch eine breite Palette von Selbsthilfetechniken, so daß sich Männer mit Potenzschwierigkeiten selbst helfen können, und das beinahe genauso gut, als befänden sie sich zur Beratung bei einem ausgebildeten Therapeuten. Es gibt natürlich Situationen, in denen medizinische Untersuchungen und Behandlungen und spezielle Hilfe erforderlich sind, aber darauf wird dann direkt hingewiesen.

Obwohl sich dieses Buch hauptsächlich an heterosexuelle Männer wendet, sind die Hintergründe, Prinzipien und Techniken genauso relevant und anwendbar für homosexuelle Männer.

2. Kapitel

Wie Sie den größten Nutzen aus diesem Buch ziehen

Meine langjährige Erfahrung in der Zusammenarbeit mit impotenten Patienten hat mich gelehrt, daß die besten Erfolge zu verzeichnen sind, wenn man die folgenden Richtlinien oder Prinzipien beachtet.

Ich garantiere Ihnen großartige Resultate, wenn Sie sich so nahe wie möglich an die folgenden Vorschläge halten.

1. Beginnen Sie ganz am Anfang des Buches. Überspringen Sie keine Kapitel! Sie *müssen* die entscheidenden Informationen verstanden haben, *bevor* Sie mit den Selbsthilfeübungen beginnen. Der erste Teil vermittelt kurz ein Minimum an Grundlagenwissen, das Sie auf jeden Fall brauchen werden, um die Übungen zu verstehen. Also widerstehen Sie der Versuchung, bestimmte Kapitel auszulassen. Das Buch ist so aufgebaut, daß Sie, um aus jedem Abschnitt den größtmöglichen Nutzen zu ziehen, *alle* Kapitel gelesen und *vollkommen verstanden* haben müssen.
2. Sollten Sie in einem Kapitel aufgefordert werden, eine Übung zu machen, so tun Sie das, bevor Sie weiterlesen! *Überschlagen* Sie die Übung nicht, und lesen Sie auf keinen Fall zuerst das ganze Buch durch! Die Übun-

gen sind *unbedingt notwendig* für die erfolgreiche Behandlung Ihres Problems. Und sie nutzen Ihnen wenig, wenn Sie lediglich den Text lesen.

3. Lassen Sie sich Zeit! Lesen Sie das Buch und die Übungen ohne Hast durch. Denken Sie daran, um was es dabei geht – um Ihr Sexualleben! Es spielt keine Rolle, wieviel Zeit Sie aufwenden müssen, um das Buch zu lesen oder die Übungen zu machen. Aber Ihnen sollte klar sein, daß es wahrscheinlich einige Monate dauern wird, bis Sie Ihr Vertrauen in Ihre sexuellen Fähigkeiten und Ihre Potenz zurückgewonnen haben.
4. Halten Sie sich *exakt* an die Vorschläge für die jeweiligen Übungen. Widerstehen Sie der Versuchung, Sie so zu machen, wie es Ihnen gefällt! Schließlich basieren sie auf langjährigen Erfahrungen, die ich während der Arbeit mit impotenten Männern gewonnen habe, und es gibt wichtige Gründe, sie so zu praktizieren, wie sie beschrieben sind.
5. Sollten Sie eine Partnerin haben, diskutieren Sie mit ihr die Fakten, die dargestellt werden, und Ihrer Meinung nach auf Sie selbst am besten zutreffen.
6. Machen Sie die Übungen, wenn Sie sich wohl fühlen. Probieren Sie sie *nicht* aus, wenn Sie müde sind, voll mit Problemen, oder schlechter Laune. Damit sie von größtem Nutzen sind, sollten Sie in der Lage sein, sich äußerst bewußt auf das, was Sie vorhaben, zu konzentrieren.
7. Die beste Art und Weise, daß Buch zu lesen und die Übungen zu machen, besteht darin, es des *öfteren* zu tun – vielleicht jeden Tag eine halbe bis eine Stunde. Diese Methode ist *viel wirksamer* als seltene und lange Lese- und Übungsabschnitte.

8. Notieren Sie sich in einem Notizbuch detailliert, welche Übungen Sie gemacht haben und welche Eindrükke Sie dabei hatten – und das möglichst jeden Tag. Es wird Ihnen helfen, sich genauestens zu erinnern, was Sie schon praktiziert haben und was Ihnen noch fehlt und welche Fortschritte Sie machen.

Viel Glück!

3. Kapitel

Was Sie über den Aufbau und die Funktionen des Penis wissen sollten

Bevor Sie besser verstehen lernen, welche Ursachen Impotenz auslösen können, finden wir es wichtig, Sie mit den Grundlagen über die Struktur und Funktionsweise des Penis vertraut zu machen. Grundsätzlich besteht er aus drei Schwellkörpern, die durch eine äußere Wand zusammengehalten werden, die mit Haut überzogen ist. Ein Schwellkörper liegt auf der unteren Seite des Penis und umgibt die Harnröhre oder Urethra. Die anderen beiden Schwellkörper liegen nebeneinander auf der leicht nach oben gewölbten Oberseite des Penis. In sie strömt das Blut, wenn der Penis erigiert. (Man kann sie sich wie zwei Druckkammern vorstellen.) Abbildung 1 stellt diese Strukturen im Querschnitt dar.

Der Schwellkörper, der die Harnröhre umschließt, wirkt sehr schmal auf seinem Weg durch den sichtbaren Teil des Penis, aber an dessen Ende dehnt er sich doch beträchtlich aus und bildet den Kopf, die Eichel (Glans penis). Er vergrößert sich auch beträchtlich am anderen Ende – für uns nicht sichtbar – unterhalb des Beckenknochens und formt dort das, was man als die Wurzel des Penis bezeichnet. Abbildung 2 zeigt den genauen Umriß.

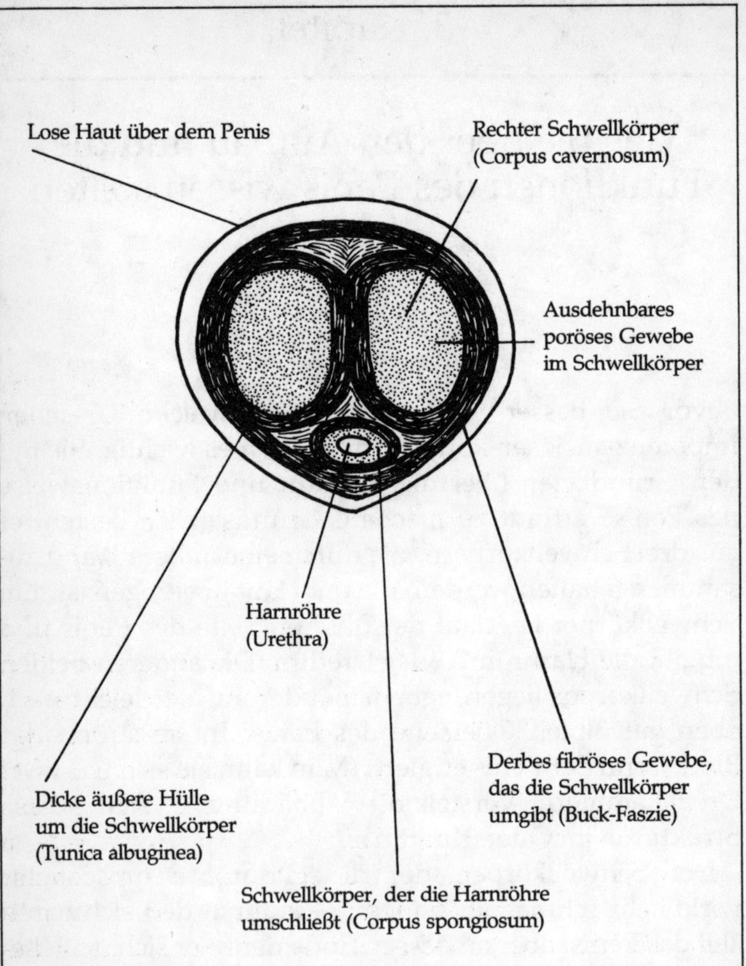

Abbildung 1 Querschnitt durch den Penisschaft

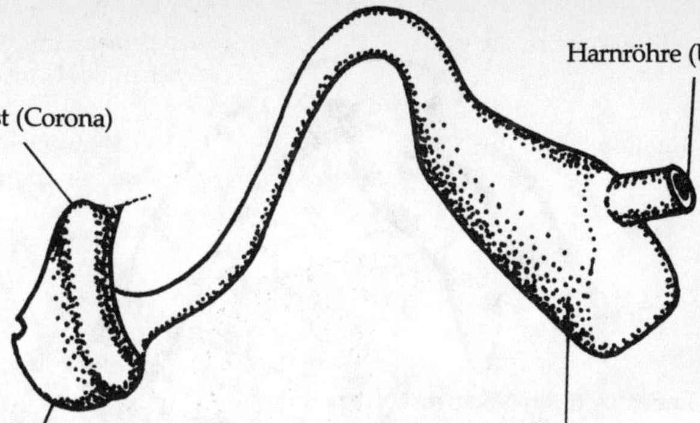

Abbildung 2 Seitenansicht des Schwellkörpers, der die Harnröhre umschließt (Corpus spongiosum)

Die Schwellkörper, die für die Erektion verantwortlich sind, liegen im sichtbaren Teil des Penis Seite an Seite, aber unterhalb des Beckens teilen sie sich und berühren die Beckenknochen – sehen Sie dazu Abbildung 3 und 4.

Unter dem Becken, das diese Teile der drei Schwellkörper, die dort separat liegen, verdeckt, gibt es verschiedene sehr wichtige Muskeln, die sich unterhalb des Fußes der Schwellkörper befinden. Diese Muskeln haben komplizierte Fachausdrücke (Musculus bulbospongiosus, Musculus ischiocavernosus), aber man kann sie auch als die Hauptpenismuskeln bezeichnen. Für die Ejakulation und höchstwahrscheinlich auch für den Erektionsprozeß sind sie äußerst entscheidend.

Im Penis befinden sich viele Blutgefäße und Nerven-

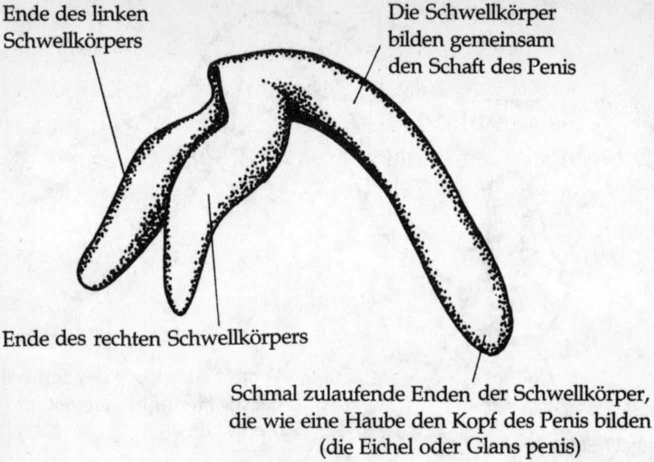

Abbildung 3 Seitliche Ansicht der beiden Schwellkörper des Penis (Corpora cavernosa)

Abbildung 4 Ansicht von unten auf das Ende der drei Schwellkörper unterhalb der Beckenknochen

stränge. Es gibt zwei verschiedene Typen von Nerven. Die einen kontrollieren die Blutgefäße, regulieren den Blutfluß durch den Penis. Die anderen werden aktiviert, wenn der Penis stimuliert wird, sie senden dann sozusagen Botschaften an das Rückenmark und das Gehirn über die Stärke der Berührung, die Wärme oder den entsprechenden Druck.

Die Blutgefäße des Penis sind verschieden groß, einige pumpen das frische Blut des Herzens zum Penis (Penisarterien), die anderen transportieren gebrauchtes Blut zum Herzen zurück (Penisvenen).

Ist ein Mann nicht beschnitten worden, ist seine Eichel oder der Kopf des Penis bis zu einem bestimmten Grad von der Vorhaut bedeckt. Bei manchen Männern ist die Vorhaut ausgedehnt, bei anderen wiederum sehr knapp, beide Variationen sind völlig normal. Es sollte möglich sein, die Vorhaut über den Kopf des Penis ohne Schwierigkeiten oder Schmerzen zurückzuziehen. Ist das nicht der Fall, sollten Sie einen Arzt zu Rate ziehen. Die Haut über dem Schaft des nichterigierten Penis ist sehr lose und kann leicht den Penis hinauf- und hinunterbewegt werden. Diese Tatsache wird später, wenn Sie die richtigen erotischen Techniken lernen, um den nichterigierten Penis zu stimulieren, noch von großer praktischer Bedeutung sein.

Genauso wie die Größe eines normalen Mannes kann auch die Größe eines normalen Penis enorm variieren, ob erigiert oder nicht. Viele Männer halten ihren Penis für zu klein und vergessen dabei, daß die Größe dieses Organs nichts mit ihren erotischen Fähigkeiten als guter Liebhaber zu tun haben muß! Manche Männer sind ähnlich stolz auf ihren großen Penis wie auf ihre kräftigen Armmuskeln

– wirklich nur Äußerlichkeiten, die ihr Selbstvertrauen stärken sollen! Unzufriedene Männer mit vermeintlich zu kleinen Penissen werden erstaunt sein zu erfahren, daß ein großes Organ beim Liebesakt oft sehr hinderlich ist, da es die Penetration schmerzhaft machen und den Geschlechtsverkehr schwierig gestalten kann. Normalerweise interessiert Frauen die Größe nicht, sondern vielmehr die Übung und Aufmerksamkeit, mit der der Penis gebraucht wird, und die emotionalen Aspekte des Liebesaktes.

Wieso kommt es durch sexuelle Stimulation zur Erektion?

Es gibt zwei Grundmechanismen, die das bewirken. Der wichtigere ist mit Botschaften verbunden (oder Nervenimpulsen), die vom Gehirn das Rückenmark hinunter ausgesandt werden und von dort durch Nervenstränge, die am Rückenmark entlang bis in die Blutgefäße des Penis laufen. Dadurch gelangt mehr Blut in den Penis als hinausfließen kann, d. h. die beiden oberen Schwellkörper vergrößern sich und bewirken die Erektion. Der untere Schwellkörper und somit die Eichel des Penis, dehnt sich ebenfalls bis zu einem bestimmten Grad aus. Der zweite Mechanismus wird durch die Stimulation der Nerven im Penis und anderer Teile des Genitalbereichs ausgelöst, wobei die Nervenimpulse die entscheidenden Teile des Rückenmarks und Gehirns entsprechend beeinflussen.

Zweifellos ist das Gehirn das *wichtigste* Sexualorgan des Körpers, da es letztlich für alle körperlichen Veränderungen, die mit der sexuellen Erregung und Funktion sowie allen wichtigen emotionalen Begleiterscheinungen verbunden sind, verantwortlich ist. Außer dieser Verbindung zwischen Gehirn und Penis, die, wird sie aktiviert, zu einer Erektion führt, gibt es noch andere Verbindungen, die das Zustandekommen einer Erektion blockieren oder hemmen oder die dazu führen, daß eine beginnende Erektion aufhört. Diese hemmenden Verbindungen spielen eine große Rolle, denn sie werden hervorgerufen durch Angstgefühle, Ärger, sinnlose Gedanken oder alte Erinnerungen und können zur Impotenz führen. Das kann passieren, auch wenn alles mit dem Penis und seinen Funktionen in Ordnung ist – und trotz wirksamer Stimulation.

Normalerweise schwankt der Erektionszustand während des Liebesaktes beträchtlich, entsprechend der Intensität der damit verbundenen geistigen und körperlichen Stimulation.

Der Erektionsverlauf ist jedoch viel komplizierter als hier beschrieben, und einige Aspekte davon sind bisher noch kaum verstanden worden.

Erektionen während des Schlafs

Ob wir uns daran erinnern oder nicht, wir träumen alle während des Schlafs. In oder während der Schlafphase, in der wir träumen, erigiert der Penis des normalen Mannes stark. Wie es dazu kommt, ist nicht bekannt. Würde man den Erektionszustand während des Schlafs messen, erhielte man wertvolle Informationen über die Ursache von Erektionsproblemen im Wachzustand des Mannes.

Frühmorgendliche Erektionen

Warum das einem normalen Mann passiert, weiß keiner so genau. Im allgemeinen vermutet man, daß eine volle Blase für die Erektion verantwortlich ist – daher auch die umgangssprachlichen Ausdrücke wie ›volles Rohr‹ oder ›Morgenlatte‹. Der tatsächliche Mechanismus, der zu einer frühmorgendlichen Erektion führen kann, ist höchstwahrscheinlich sehr viel komplizierter. Es ist ein allgemeiner Irrtum zu glauben, bei einem impotenten Mann sei zumindest körperlich in bezug auf seine Erektionsprobleme alles in Ordnung, wenn er beim Erwachen bei sich eine vollständige Erektion feststellt. *Das ist einfach nicht wahr!* Einige Männer z. B., deren Impotenz von einer Rückenmarksverletzung herrührt, können normale frühmorgendliche Erektionen haben.

Die Rolle von Hormonen bei normalen Erektionen

Hormone sind lebenswichtige Wirkstoffe, die in bestimmten Strukturen des Organismus, den sogenannten endokrinen Organen wie z. B. der Schilddrüse oder den Hoden, gebildet werden und die von großer Bedeutung für andere Körperorgane sind. Sie werden dem Blut zugesetzt, das sie dorthin, wo sie gebraucht werden, transportiert. Der Körper produziert viele Hormone, und deren exakte Wirkung (falls es diese überhaupt gibt) auf den Erektionsmechanismus ist sehr kompliziert. Tatsächlich kann eine Anzahl hormoneller Abnormitäten zur Impotenz bei einigen Männern führen, auch wenn der Vorgang dieser Wirkung sehr indirekt sein mag – wie z. B. bei Diabetes – oder noch völlig unbekannt ist.

Was führt dazu, daß eine Erektion wieder erschlafft? (Detumeszenze)

Im Normalfall flacht eine Erektion ab, entweder nach Beendigung der Stimulation (geistig oder körperlich) oder nach einem Orgasmus und einer Ejakulation. Hervorgerufen wird das durch eine Veränderung in den Blutgefäßen des Penis, die vom Gehirn und dem Rückenmark durch die Nervenstränge im Penis gesteuert werden.

Nach der Ejakulation geht normalerweise bei jedem Mann, egal wie sehr er stimuliert oder erregt wird, gar nichts mehr, d. h. eine weitere Erektion ist erst einmal unmöglich. Dieser Zustand, die sogenannte Refraktärzeit, mag bei einem jungen Mann nur sehr kurz sein, mit zunehmendem Alter hält er jedoch länger an – bei einigen Männern bis zum nächsten Tag.

Es besteht kein Zusammenhang zwischen Erektion und Ejakulation/Orgasmus

Normalerweise kommt es zur Ejakulation (Austritt von Samenflüssigkeit) und dem damit verbundenen angenehmen Gefühl – dem Orgasmus –, solange ein Mann eine Erektion hat. Jedoch kann ein Mann auch ohne Erektion normal ejakulieren und einen normalen Orgasmus empfinden, *vorausgesetzt* er ist entsprechend sexuell stimuliert worden. Das zu wissen dürfte besonders für Männer mit Erektionsproblemen (und auch ihre Partnerinnen) äußerst wichtig sein, denn es bedeutet, daß selbst ohne Erektion der Liebesakt (oder die Masturbation) zu einem lustvollen sexuellen Höhepunkt mit anschließend nachlassender sexueller Anspannung führen kann. Der Trick, ohne Erektion eine Ejakulation und einen Orgasmus zu erreichen, besteht in der richtigen Manipulation des Penis, worauf im 12. Kapitel näher eingegangen wird.

Die Ausnahme von dieser Regel, daß man einen impotenten Mann zur Ejakulation und zum Orgasmus bringen kann, tritt nur dann ein, wenn durch Chemikalien, Krankheit oder eine Verletzung sowohl die Erektion *als auch* die Ejakulation *gleichzeitig* beeinträchtigt worden sind.

4. Kapitel

Was Sie über den Einfluß des normalen Alterungsprozesses zum Erlangen und Erhalten einer Erektion wissen sollten

Für einen jungen erwachsenen Mann ist es einfach, oft und schnell eine Erektion zu bekommen, das funktioniert sogar ohne besondere körperliche Berührungen. Gelingt es ihm, die Ejakulation zurückzuhalten, so kann – auch ohne körperliche Stimulation – die Erektion eine beträchtliche Zeitlang anhalten.

Mit zunehmendem Alter jedoch verändern sich die Erektionsfunktionen. Das Alter, in dem diese Veränderungen auftreten können, ist von Mann zu Mann verschieden, meistens beginnen sie jedoch mit 40, oder noch früher, und sie gewinnen ab diesem Zeitpunkt immer mehr an Bedeutung.

Zunächst brauchen Sie mit zunehmendem Alter etwas länger, um eine richtige Erektion zu bekommen. Zweitens ist mehr Stimulation erforderlich. Eine rein geistige Stimulation wird höchstwahrscheinlich nicht mehr ausreichen und macht eine körperliche Manipulation Ihres Penis erforderlich. Drittens läßt die Härte und Festigkeit einer vollen Erektion oft etwas nach, obwohl sie normalerweise für eine Penetration immer noch ausreichend ist. Viertens erschlafft mit zunehmendem Alter die Erektion plötzlich etwas, sofern Sie nicht ununterbrochen und ausreichend stimuliert werden. Daher ist es auch erforderlich, daß Ihre Partnerin, während Sie sich in die Position für den Geschlechtsverkehr bewegen, mit der Stimulation Ihres Penis fortfährt. Ist Ihre Erektion verschwunden, bevor Sie eine Ejakulation hatten, so ist es sehr viel schwieriger, trotz Stimulation eine neue zu bekommen. Letztlich dauert die Refraktärzeit, die Zeit, um nach einer Ejakulation wieder eine Erektion zu erlangen, mit zunehmendem Alter wesentlich länger.

Es ist äußerst wichtig, daß alle Männer und Frauen die oben beschriebenen Veränderungen als *völlig normal* begreifen. Im einzelnen mögen diese zwar nicht auf Sie zutreffen, aber es gibt *absolut nichts, dem vorzubeugen* und Sie *müssen* daran arbeiten, gut damit umgehen zu können! Daher sollte jedes Paar, das von diesen altersbedingten Veränderungen betroffen ist, den Vollzug seines Liebesspiels völlig anders gestalten.

Für die sexuelle Praxis – egal welchen Alters – empfiehlt sich, daß immer die *Frau* den Penis in ihre Vagina *einführt.* Ein Grund dafür liegt in der Tatsache, daß der Mann nicht genau sieht, was er tut, und wenn er versucht, mit seinem Penis einzudringen, so kann das für seine Partnerin unangenehm oder sogar schmerzvoll sein. Zweitens ist der Penis aufgrund der zunehmenden Veränderungen im Alter weniger steif als zuvor, und die Penetration wird dadurch schwieriger. Bei vielen Männern läßt die Erektion nach oder hört ganz auf, weil sie bei dem Versuch, in ihre Partnerin ohne deren Hilfe einzudringen, zuviel ›herumfummeln‹!

Aufgrund der altersbedingten Veränderungen des Erektionsverlaufs, sollten Männer mit zunehmendem Alter strikt darauf achten, daß ihre Voraussetzungen, um für sexuelle Reize empfänglich sein zu können, wirklich der Realität entsprechen, und das *bevor* Sie es ausprobieren. Ein Thema, das detailliert im 6. Kapitel erörtert werden wird.

Mit zunehmendem Alter läßt das sexuelle Interesse normalerweise allmählich nach, so daß viele Männer nicht mehr so häufig Geschlechtsverkehr haben wollen. Es dennoch zu versuchen, in der Hoffnung auf eine entsprechende Erektion, obwohl Sie gar kein richtiges Interesse an Sex haben, kann eine vorübergehende Impotenz auslösen. Lieben Sie sich deshalb *nur*, wenn Sie sich *aufrichtig danach fühlen*, nicht weil Sie denken, Sie müßten, oder um etwas zu beweisen!

Sinken des Hormonspiegels bei Männern mit zunehmendem Alter

Normalerweise bemerken Männer im Gegensatz zu Frauen, wenn sie älter werden, nicht, daß sich der Spiegel ihrer Sexualhormone ziemlich rasch senkt. Die Anzahl der männlichen Hormone, die vom Körper produziert werden, vermindert sich im Alter, und bei einigen Männern (aber durchaus nicht bei allen) kann das zu Erektionsproblemen führen. Der einzige Weg herauszufinden, ob das der Fall ist, besteht in einer Untersuchung des Bluts auf männliche Hormone. Obwohl sich das sehr einfach anhört, kann es extrem schwierig sein, das Ergebnis des Bluttests richtig zu interpretieren. Sehr wenige ältere Männer brauchen wirklich Testosterone (männliche Hormone) anstelle von Therapie.

Andere Veränderungen

Je älter ein Mann wird, desto häufiger ändert sich auch der Verlauf der Ejakulation und des Orgasmus. Ein weitverbreitetes Mißverständnis besteht in der Annahme, daß mit zunehmendem Alter die Ejakulation länger andauere! Oft ist die Ejakulation weniger kraftvoll, die Flüssigkeit ergießt sich nicht so heftig wie früher, es kann sogar passieren, daß sie nur herausquillt. Auch die Intensität des Orgasmus läßt häufig nach. Die Abstände zwischen zwei Ejakulationen werden im Alter zunehmend größer, sie sind oft länger als die Refraktärzeit, der Zeitpunkt bis zur nächsten Erektion.

Es ist äußerst wichtig zu wissen, daß diese Veränderungen normal sind, denn wenn ein Mann erst mal damit beginnt, sich deswegen Gedanken zu machen, kann die sich daraus entwickelnde Angst seine Erektionen stören.

Sexuelle Perspektiven im Alter

Trotz der beschriebenen Veränderungen gibt es *keinen* körperlichen Grund, warum Männer nicht bis ins hohe Alter hinein fortfahren sollten, ein regelmäßiges und total befriedigendes Sexualleben zu führen, es sei denn eine Krankheit verhindere das. *Der wichtigste Faktor,* um bis ins hohe Alter hinein sexuell aktiv zu bleiben, ist die *regelmäßige Ausübung der jeweiligen sexuellen Bedürfnisse!* Etwa in dem Sinne, je öfter Sie es tun, desto länger wird es anhalten. Das heißt natürlich *nicht,* daß Sie sich zur Sexualität zwingen sollen, obwohl Ihnen gar nicht danach ist. Das zu tun, wäre nicht nur dumm, sondern könnte böse Folgen haben.

5. Kapitel

Destruktiv wirkende Sexualmythen

In unserer heutigen Gesellschaft ist es für einen Mann beinahe unmöglich geworden, erwachsen zu werden, ohne eine Vielzahl von total lächerlichen Auffassungen, falschen Vorstellungen oder Mythen über Sex zu hören und diese zu glauben!

Warum ist das so? Unsere sexuelle Einstellung ist *erlernt* – sie ist auf keinen Fall instinktiv oder etwas, das automatisch passiert! Schon *in frühester Kindheit* beginnen wir sexuell etwas aufzunehmen, auf alle mögliche Art und Weise, bewußt oder *unbewußt.* Wir erhalten diese Informationen von unseren Freunden, von älteren Jungen (in der typisch arroganten Weise), aus Sexwitzen, Sexzeitschriften, Filmen, von unseren Eltern und vom Verhalten anderer Leute usw.

Das frühe Sexualwissen, das uns unsere Eltern vermittelt haben, ist meist *negativ* und besteht aus einer Anhäufung von Verboten wie »Tu das nicht!« Wir haben also kaum eine Chance, *wirklich echte Kenntnisse* über Sexualität zu erhalten. Das geschieht leider erst, wenn wir älter sind. Aber dann ist unsere Einstellung zum Sex und unser sexuelles Verhalten meist schon rigide fixiert, und – wie bei allen sich früh festsetzenden Meinungen – schwer wieder änderbar!

Das gleiche trifft auch auf unsere frühkindliche Prägung zu im Hinblick auf das, was einen Mann ausmacht. Der *wahre Mann*, wie wir ihn aus dem Kino oder sonst woher kennen, ist zäh, furchtlos, emotionslos, kämpferisch, erfolgreich und natürlich super-sexuell, ausgestattet mit einem riesigen, unermüdlichen Penis und einem enormen sexuellen Appetit. Natürlich finden Frauen ihn unwiderstehlich! Mit dieser absurden Vorstellung von Männlichkeit in unseren Köpfen wachsen wir auf und befürchten konsequenterweise, sanft zu sein, unsere wahren Gefühle zu zeigen, zuzugeben, daß wir uns fürchten, usw., weil wir glauben, all dies sei *unmännlich*!

Ich denke, es ist nicht übertrieben zu behaupten, daß die *meisten* Männer, *falls* sie ehrlich zu sich selbst sind, zugeben werden, daß sie sich irgendwo unzulänglich fühlen, sowohl sexuell als auch als Mann, weil das, was sie wirklich sind, nicht mit dem übereinstimmt, wie sie eigentlich sein sollten! Diese empfundene Unzulänglichkeit zwingt uns wiederholt dazu, uns selbst und der Welt im allgemeinen immer wieder beweisen zu wollen, wie maskulin wir eigentlich sind! Ob wir nun trainieren, akademisch oder geschäftlich erfolgreich sind, prahlen, viel Sex einsetzen – alles dient nur dazu, unser Image als maskuliner Mann zu heben! Es wird Sie vielleicht überraschen zu erfahren, daß das sexuelle Verhalten bei einigen Männern die meiste Zeit *überhaupt nichts* mit ihren sexuellen Bedürfnissen oder sexuellen Spannungen zu tun hat – es soll nur ihre Männlichkeit beweisen! Vielleicht können Sie sich daran erinnern, daß es Ihnen in der Vergangenheit manchmal ähnlich gegangen ist – ich kann es gewiß!

Betrachten wir nun die schlimmsten der zahlreichen destruktiven Sexualmythen, die wir gehört haben und blind glauben.

Mythen über den Penis

Mythos 1 Je größer desto besser!

Die meisten Männer sind – zumindest so lange, bis sie entweder erwachsen sind oder es aufgegeben haben, darüber nachzudenken – mit der Größe ihres Penis nicht zufrieden! Tatsache bleibt jedoch, das, was wirklich zählt, ist der gekonnte Gebrauch ihres Penis. Die Größe ist *völlig belanglos,* solange er weder zu groß noch zu klein ist, um in ihre Partnerin eindringen zu können. Frauen machen im allgemeinen nicht viel Aufhebens von der Größe! Für sie zählt beim Akt nur das Können und die emotionalen Aspekte dabei. Wie es schon wörtlich heißt: Liebes-Spiel!

Die Sorge um die Größe Ihres Penis hemmt Ihre sexuelle Freude und den gesamten Verkehr. Es gibt *absolut nichts,* was Sie tun können, damit er größer wird. Also genießen Sie das, was Sie haben!

Mythos 2 Er wird steif, wann immer du es willst!

Welch ein Blödsinn! Oder kennen Sie jemanden, der eine Erektion bekommt, wenn er nackt in einem Schaufenster steht oder vor einem Publikum, und dem ein hübsches Sümmchen versprochen worden ist, wenn es ihm gelingt, ihn hochzukriegen? *Sie können sich einfach nicht einreden, eine Erektion zu bekommen!* Sie können Ihrem Penis lediglich *erlauben,* zu reagieren oder nicht zu reagieren, je nachdem, was Sie bevorzugen. Ihr Penis wird erst dann erigieren, wenn das, was er dazu braucht, um steif zu werden, auch vorhanden ist. Genausowenig wie ihr Wagen anspringen wird, ohne daß die Batterie angeschlossen ist. Und das, was er braucht, um erigieren zu können, variiert von Zeit und Zeit und ändert sich im Alter beträchtlich.

Mythos 3 Eine Erektion ist Voraussetzung für guten Sex!
Unsinn! Ob mit oder ohne Erektion kann der Liebesakt mit einem geliebten Partner vollzogen werden und befriedigend für beide sein, vorausgesetzt Sie machen nicht alles zunichte, indem Sie darauf bestehen, eine Erektion haben zu müssen. Ein steifer Penis ermöglicht lediglich das Eindringen in die Partnerin. *Sie brauchen ganz gewiß keine Erektion, um Ihre Partnerin zu befriedigen und sie zum Orgasmus zu bringen oder um selbst einen Orgasmus zu erreichen!*

Machomythen

Mythos 1 Ein Mann zeigt seine Gefühle nicht!
Da der *richtige Mann* seine Emotionen unter Kontrolle hat, gilt es als weich, weiblich oder einfach unmöglich, seine Gefühle zu zeigen! Die Tatsache, daß viele Männer sich danach richten, ist wohl der menschlichen Erfindungsgabe zu verdanken, denn es ist gewiß ein äußerst *anomaler* Zustand für eine Beziehung. Dieser Mythos macht viele Männer bestimmt unglücklicher als jede andere falsche Einstellung und wirkt sicherlich *sehr destruktiv* auf eine Ehe.

Selbst Tiere sind sensibel genug, ihre Gefühle zu zeigen! Wollen Sie etwa zulassen, daß ein Durchschnittshund emotionaler ist als Sie? Tun Sie sich selbst einen Gefallen – seien Sie menschlich, seien Sie emotional! Sie werden vielleicht sogar Spaß daran finden!

Mythos 2 *Der richtige Mann ist immer geil und für Sex bereit!*
Wenn man diesen Satz so liest, wirkt er äußerst lächerlich, und niemand würde einen derartigen Unsinn wohl ernsthaft behaupten. Eine große Anzahl von Männern jedoch *verhält* sich so, als ob sie es glaubt! Sie führen sich so auf, als wären sie ständig auf sexuelle Abenteuer aus und als müßten sie sich immer darauf einlassen, egal wie beschäftigt, geistesabwesend oder müde sie sind. Die Wahrheit entspricht oft genau dem Gegenteil – selbst die geilsten Männer haben in ihrem alltäglichen Leben wahre sexuelle Gefühle nur ganz selten, und den meisten fällt es schwer, unter ungünstigen Umständen sexuell zu reagieren. Denken Sie bitte daran, daß viele Männer *Sex für völlig unsexuelle Zwecke* benutzen und sie sich mit jemandem vereinigen, nicht weil sie erregt sind oder sexuell interessiert, sondern um Anspannungen abzubauen, da sie glauben, es würde von ihnen erwartet, ihre Männlichkeit zu beweisen usw.

Altersmythen

Es gibt zwei sich widersprechende Mythen über Sexualität im Alter, die beide von vielen geglaubt werden.

Mythos 1 *Im Alter findet absolut keine Veränderung im sexuellen Interesse, in der Reaktion auf sexuelle Reize und im Liebesspiel statt!*
So frei ausgesprochen, werden dem sicher nur sehr weni-

ge Männer zustimmen, aber viele verhalten sich so, als ob sie es glauben! Sie machen sich Sorgen, weil es ab 45 etwas länger dauert zu erigieren, sie ohne direkte Penisstimulation nicht mehr richtig steif werden und die Erektion aufhört, wenn die Partnerin nicht mit der Stimulation weitermacht. Sie scheinen zu vergessen, daß diese Veränderungen völlig normal sind, unausweichlich, und daß sie sich darüber auf keinen Fall Sorgen machen müssen. Und das alles nur, weil sie annehmen, mit dem Alter würde sich nichts verändern!

Mythos 2 *Im Alter verliert man das Interesse an Sex und die Fähigkeit, ihn auszuüben*

Ich habe nie aufgehört, überrascht zu sein, wie viele ansonsten intelligente Männer das glauben. Die Tragik daran liegt in der Tatsache, daß Glaube zur Realität werden kann, so wirksam ist die Kraft unserer Gedanken und Erwartungen. Im 4. Kapitel gehen wir ausführlich auf das Altersthema ein.

Mythen über den sexuellen Verkehr

Es gibt so viele, daß man nicht weiß, wo man beginnen soll. Was halten Sie von den folgenden:

Mythos 1 *Das Liebesspiel ist keine Kunst, sondern jeder beherrscht es von Natur aus!*

Ich vermute, daß Männer geneigt sind, das zu glauben, weil Sex wirklich eine natürliche Körperfunktion ist. Ein erfahrener Franzose sagte einmal, daß der Liebesakt dem zartfühlenden gekonnten Spiel einer Geige entspreche und sehr viel Unterricht und Praxis erfordere! Ich sehe keinen Grund, ihm da in irgendeiner Weise zu widersprechen! Unglücklicherweise kann sich das Ego vieler Männer nicht mit dem Gedanken einverstanden erklären, daß es unbedingt erforderlich ist, *zu lernen*, sinnlich und erotisch zu sein!

Mythos 2 Sex muß spontan sein!
Wenn Sie das glauben, ist kein Raum mehr für geplanten Sex, falls z. B. die Kinder für einen Tag außer Haus sind, Sie Ihren Stereoapparat ins Schlafzimmer bringen, damit Sie romantische Musik auflegen können, Sie eine Flasche Champagner kaltstellen und Ihre bevorzugte erotische Lektüre aus dem Versteck holen, so daß sie sich gemeinsam im Bett daran erfreuen können! Obwohl absolut nichts gegen spontanen Sex einzuwenden ist, wie z. B. einem Quickie im Wagen, bevor Sie von einer Party nach Hause zurückkehren, sperren Sie sich dennoch nicht gegen den besonderen Genuß eines geplanten Liebesspiels. Aus irgendwelchen Gründen sind auch viele Frauen genauso wie Männer ganz versessen auf spontanen Sex.

Mythos 3 Nur der perfekte Liebesakt zählt!
Viele Männer sind völlig überzeugt davon, daß ihr Status und ihre Männlichkeit nur davon abhängig sind, wie gut sie es im Bett bringen. Durch diese Einstellung wird der Akt zur *Pflichtübung*, denn unser typischer Mann ist dabei beschäftigt mit solchen Überlegungen wie z. B.: wie lange halte ich durch, wie oft, welche Taktik ist die beste, welche Stellungen usw. Während er permanent darüber nachdenkt und all das auch machen will, kann er sich unmög-

lich auf seine Sinnlichkeit und seine Gefühle sowie auf die seiner Partnerin konzentrieren und sich wirklich daran erfreuen! Hinzu kommt, daß er sich unwohl fühlt oder sogar wütend oder deprimiert reagiert, sollten aus irgendwelchen Gründen seine Bemühungen nicht mit seinen Erwartungen übereinstimmen. Und diese Verstimmungen wiederum mindern sein Vergnügen und können sich nachteilig auf den ganzen sexuellen Kontakt auswirken und damit einen Teufelskreis in Gang setzen.

Tatsache ist natürlich, das, was *wirklich* zählt, ist, mit jemandem, den man mag oder liebt, eine lustvolle, einzigartige körperliche und emotionale Nähe zu teilen! Alles weitere ist ein freiwilliges Extra! Ich erwarte nicht, daß Sie mir das glauben, nur weil es hier geschrieben steht, aber Sie können es wenigstens eine Zeitlang mal *ausprobieren*, um herausfinden, ob Sie und Ihre Partnerin nicht doch mehr Freude am Liebesakt haben als zuvor. Versuchen Sie es, und schauen Sie, ob Sie sich nicht wirklich besser fühlen, wenn Sie sich keine Sorgen mehr über einen perfekten sexuellen Vollzug zu machen brauchen!

Mythos 4 Guter Sex muß Super-Sex sein!

Sollten Sie das glauben, werden Sie niemals richtig Spaß am sexuellen Verkehr haben, außer er gestaltet sich wie ein 5-Sterne-Opus! Sie werden sich nicht an einem 5-Minuten-Quickie ohne irgendwelche Besonderheiten erfreuen können, wenn Sie zwar geil sind, aber befürchten, zu spät zur Arbeit zu kommen oder gleich danach schlafend in die Arme Ihrer Partnerin zu sinken, weil sie beide sehr müde sind. Ein sexueller Knüller kann großartig sein, wenn man Zeit und Gelegenheit dazu hat, aber Ihr Sexualleben wird viel glücklicher werden, wenn Sie Ihre Ziele beträchtlich mindern und lernen, sich an normaler sexueller Nähe zu erfreuen.

Mythos 5 Angenehmer Körperkontakt führt notgedrungen zur sexuellen Vereinigung

Männer wachsen oft mit der Vorstellung auf, daß nur zwei Arten von Körperkontakt erlaubt sind – aggressiver oder sexueller. Das heißt, daß die Berührung einer Frau ohne Aussicht auf Sex unvorstellbar ist. Es mag Sie vielleicht überraschen zu erfahren, daß eine der am häufigsten geäußerten Klagen von Frauen über Männer lautet: »Nur wenn er Sex will, umarmt, schmust oder streichelt er mich.« Verständlicherweise sind Frauen darüber verärgert!

Wir alle haben von Natur aus das *Bedürfnis,* andere Menschen zu *berühren,* und daran ist absolut nichts Falsches!

Nur unter Aufbringung von viel Phantasie könnte man es als unmännlich bezeichnen. Es ist manchmal sehr tröstlich, nur umarmt und gestreichelt zu werden.

Wenn Sie die schlechte Angewohnheit haben sollten, jede Partnerin nur dann zu berühren, wenn Sie mit ihr Sex machen wollen, so wird es eine Weile dauern, dieses Verhalten aufzugeben. Aber es wird Sie echt verblüffen, wie anderes es sein kann, wenn man in der Lage ist, jemanden ohne sexuelle Absicht zu streicheln, zu umarmen, zu knuddeln usw.

Solange bei Ihnen gedanklich Berührung mit Sex verknüpft ist, können Sie niemanden berühren, ohne Druck auf sich selbst und Ihre Partnerin auszuüben, daß es zu sexuellem Kontakt kommen muß, auch wenn sie beide das vielleicht gar nicht wollen.

Mythos 6 Männer müssen beim Sex immer aktiv sein!

Mythos 7 Männer sind für das, was während des Sex läuft, verantwortlich!

Mythos 8 Beim Sex ist der Mann für die Erregung und den Orgasmus der Frau verantwortlich!

Diese drei Mythen können gemeinsam abgehandelt werden, da sie einander entsprechen. Natürlich sind Männer und Frauen gleich, sowohl im allgemeinen als auch sexuell, und sie haben die gleichen Rechte und Pflichten. Es gibt absolut keinen vernünftigen Grund, warum ein Mann für alles, was sich während des sexuellen Verkehrs ereignet, verantwortlich sein soll, als wäre er der Dirigent des Aktes!

In Wirklichkeit ist die Verantwortung geteilt. So wie eine Frau von Zeit zu Zeit sexuell passiv sein will, kann sich das auch der Mann wünschen, und das ist vollkommen richtig und in Ordnung. Nichtsdestotrotz finden es viele Männer sehr schwierig, nur auf dem Rücken zu liegen, nichts zu tun und ganz passiv die Aktivität ihrer Partnerin zu genießen.

Während des Liebesspiels ist jeder Partner persönlich für seine eigene Erregung und seinen Orgasmus verantwortlich. Wir müssen selbst dafür sorgen, daß wir die Art von Stimulation, die wir uns wünschen oder brauchen, auch bekommen, wo und solange wir es wollen. Unsere einzige Verantwortung gegenüber dem Partner ist die, daß wir ihr (oder ihm) das beste von dem geben, was sie (oder er) zu brauchen scheint.

Das Thema Verantwortung ist von so großer Bedeutung, daß wir darauf im nächsten Kapitel gesondert eingehen werden.

Mythos 9 *Sex muß zum Orgasmus führen!*

Mythos 10 *Einmal begonnen, muß Sex so lange fortgesetzt werden, bis es zum Orgasmus kommt!*

Mythos 11 *Ein Mann und seine Partnerin müssen zur gleichen Zeit den Orgasmus erreichen!*

Auch diese Orgasmusmythen können gleichzeitig hier näher erläutert werden. Für viele Männer ist es völlig unverständlich, daß irgend jemand Sex wünscht, aber keinen Orgasmus haben will oder zu brauchen scheint! Dies ist jedoch eine allgemeine Praxis, speziell von Frauen – und von Männern, wenn sie älter werden. Es ist für einen Menschen durchaus möglich und völlig normal, den Wunsch oder das Bedürfnis nach Nähe oder anderen emotionalen Annehmlichkeiten des sexuellen Kontakts zu haben, *ohne unbedingt einen Orgasmus* zu erleben! Sie sollten wissen, daß bei einem älteren Mann das Bedürfnis, einen Orgasmus zu erreichen, um die sexuelle Erfahrung zu vervollkommnen, normalerweise nachläßt. Viele ältere Männer werden Ihnen erzählen, daß sie oft sehr geil sind und sexuellen Verkehr haben möchten, aber gar nicht so sehr an einem Orgasmus interessiert sind, und was sollte daran falsch sein! Wenn Sie das Gefühl haben, Sie oder Ihre Partnerin *müssen* so erregt werden, daß sie einen Orgasmus bekommen, wann immer Sie Sex praktizieren, dann üben Sie Druck auf Ihre sexuelle Beziehung aus, was früher oder später zu Problemen führen kann!

Irrtümlicherweise glauben viele Männer, die Stimulation müßte – sobald sie erst mal begonnen hat – ohne Unterbrechung fortgesetzt werden, bis es zum Orgasmus gekommen ist. Völlig unbegreiflich ist für viele der Vorschlag, daß der eine oder beide Partner während des Liebesspiels vielleicht eine kleine Pause brauchen, etwas Musik hören oder sogar etwas schlafen wollen, bevor sie weitermachen. Tatsächlich werden Sie freudig überrascht sein zu entdecken, daß die *intensivsten Höhepunkte* sexueller Erregung und Lust eher dann erreicht werden, wenn der Akt öfter unterbrochen und wieder begonnen wird – als wenn er ohne Pausen fortgesetzt wird! Probieren Sie es aus, und sobald Sie sich daran gewöhnt haben, werden Sie echten Genuß dabei empfinden!

Diese absurden und destruktiven Mythen, gleichzeitig zum Orgasmus kommen zu müssen, sterben leider nur langsam aus. Selbst heute, wo die meisten Männer wissen, daß nur eine Minderheit von Frauen durch die Stimulation beim Geschlechtsverkehr zum Orgasmus gelangen kann, tun diese immer noch so, als kämen sie mit ihrem Partner gleichzeitig! Es ist tatsächlich ein unwahrscheinlicher Kraftakt, wenn ein Paar gemeinsam kommen will, und dies ist normalerweise nur dann möglich, wenn ein Partner verzweifelt versucht, seinen Orgasmus zurückzuhalten, während der andere ebenfalls verzweifelt sich bemüht, schneller zu kommen. Gelingt das einem der Partner nicht, so kann es zu Gefühlen der Enttäuschung, der Frustration oder Minderwertigkeit kommen und ähnliches. Olympische Bettspiele dieser Art können die ganze Beziehung *kaputt* machen! Die wirklich traurige Tatsache an diesem pathetischen Mißverständnis ist, daß es emotional viel lohnender ist, den Orgasmus der Partnerin zu erleben, sie dabei zu beobachten und daran teilzuhaben. Dies wird aber unmöglich, wenn man zur gleichen Zeit kommt! Sie sind dann so mit sich selbst und mit Ihrem Höhepunkt beschäftigt, daß Sie sich an dem Schauspiel von ihr, die das gleiche erlebt, gar nicht erfreuen können.

Mythos 12 Wenn man seinen Partner wirklich liebt, gibt es keine sexuelle Monotonie!

Leider ist *selbst Liebe* oft nicht ausreichend genug, um das Sexualleben aufregend und stimulierend zu gestalten! Das gelingt nur, wenn man auch wirklich daran arbeitet, indem man z. B. seine gesamte erotische Vorstellungskraft voll einbringt. Nach der anfänglichen Erregung und Neuheit, den anderen nackt zu erleben, stellen viele Paare fest, daß ihr Liebesleben allmählich zur kaum sich verändernden alltäglichen Routine geworden ist. Und jetzt tritt *sexuelle Monotonie* auf. Manche suchen sexuelle Erregung bei anderen Partnern, andere glauben irrtümlicherweise, eine derartige Situation gehöre zwangsläufig zum Älterwerden dazu, was häufig dazu führt, daß sie schließlich den Sex völlig aufgeben. Mit der Abnahme der Erotik schwindet oft auch die Fähigkeit eines Mannes, eine Erektion zu bekommen, ganz einfach deshalb, weil er geistig nicht mehr erregt wird! Da bleibt nur noch eines zu tun – gestalten Sie Ihr Sexualleben neu! Geben Sie Ihre eingefahrenen sexuellen Angewohnheiten auf! Was dann eintritt, vor allem wenn sie sich beide darum bemühen, wird sie positiv überraschen.

Wie man die schädlichen Auswirkungen der Sexualmythen überwindet

Das ist zwar nicht einfach, aber *unbedingt* erforderlich, und es wird einige Zeit dauern! Es wird sich bei Ihnen allerdings überhaupt nichts ändern, wenn Ihnen nur bewußt ist, wie dumm diese Mythen sind. Die einzige Chance, diese unbewußten Prägungen zu überwinden, besteht darin, aktiv an Ihrem Verhalten zu arbeiten und es wesentlich zu *verändern*. Bevor Sie also weiterlesen, probieren Sie die folgenden Übungen aus!

1. Lesen Sie sich noch einmal alle Mythen dieses Kapitels durch, und *notieren* Sie sich diejenigen, die ihrer Meinung nach irgendeine Wirkung auf Sie ausüben.
2. Für jeden Mythos, der auf Sie zutrifft, machen Sie folgendes:
   a) *Schreiben* Sie auf, inwiefern dieser Mythos bei Ihnen Probleme und Schwierigkeiten ausgelöst hat. Verdeutlichen Sie das mit einem *aktuellen Beispiel* aus Ihrer Vergangenheit, das Sie ebenfalls *aufschreiben*.
   b) *Notieren* Sie alle für Sie denkbaren Gründe, warum der Mythos und die Konsequenzen daraus lächerlich und destruktiv sind. Denken Sie darüber nach, und lassen Sie sich Zeit dabei.
   c) Wenn möglich, diskutieren Sie *detailliert* mit Ihrer Partnerin, was Sie in a) und b) aufgeschrieben haben.
3. Schreiben Sie die gesamte Liste der für Sie persönlich relevanten Mythen neu, indem Sie sie nach *logischen und vernünftigen Gesichtspunkten* überarbeiten. Wenn Sie z. B. folgender Mythos in irgendeiner Form betrifft: »Beim Sex ist der Mann für die Erregung und den Orgasmus der Frau verantwortlich«, dann verarbeiten Sie diesen Satz, indem Sie folgendes notieren: »Ich bin nicht für die Erregung und den Orgasmus meiner Partnerin verantwortlich – sie ist es! Meine einzige Verantwortung ihr gegenüber besteht darin, mein Bestes zu tun, um ihr das zu geben, was sie sich wünscht.«
4. Lesen Sie sich diese nach logischen Kategorien überar-

beitete Liste jeden Tag einmal laut vor, und das *mit Gefühl*. Fahren Sie damit so lange fort, bis Sie Ihr Erektionsproblem vollständig gelöst haben!

5. Arbeiten Sie zu jedem persönlich relevanten Mythos alternative Verhaltensweisen aus oder etwas, was Ihrer Meinung nach dagegen helfen könnte, und schreiben Sie das auf. Nehmen wir z. B. den Mythos »Angenehmer Körperkontakt führt notgedrungen zur sexuellen Vereinigung«. Ihr alternativer Verhaltensvorschlag könnte so lauten:
   a) »Ich werde mich ab sofort bemühen, meine Partnerin so oft ich kann zu streicheln, mit ihr zu schmusen und sie zu berühren und das in Situationen, wo kein Sex möglich ist, wie z. B. kurz bevor ich zur Arbeit gehe, wenn wir zusammen ausgehen, gemeinsam Auto fahren usw.«
   b) »Ich nehme mir fest vor, meine Partnerin sanft sexuell zu berühren, ihre Brüste und Genitalien zärtlich zu streicheln, aber ohne die Tendenz, Sex zu machen. Ich werde das tun, wenn wir z. B. gemeinsam alleine Fernsehen, wenn wir gemeinsam zu Bett gehen oder wenn wir irgendwo draußen schmusen. Auch wenn ich dann Lust auf Sex bekomme, werde ich mich zurückhalten.«
6. *Wiederholen* Sie *so oft wie möglich* die auf Sie persönlich zutreffenden alternativen Verhaltensweisen. Aber arbeiten Sie immer nur an *einem* Mythos, anstatt an mehreren gleichzeitig oder an allen. Erst wenn Sie das Gefühl haben, daß sich Ihr Verhalten wirklich verändert hat, dann, aber wirklich erst dann, nehmen Sie den nächsten Mythos, falls nötig, in Angriff.

Einige wichtige praktische Tips

1. Machen Sie diese Übungen *gründlich* – hetzen Sie nicht von einer zur nächsten! Es wird zwar einige Zeit dauern, aber es ist keine verschwendete Zeit. Denken Sie daran, es geht schließlich um Ihr sexuelles Wohlbefinden.
2. Es empfiehlt sich, lieber wenig zu machen, als alles auf einmal und das über einen längeren Zeitraum.
3. Wenn Sie alles aufgeschrieben haben, lassen Sie Ihre Notizen für ein paar Tage verschwinden. Lesen Sie sie dann nochmals durch, um zu sehen, ob Ihnen nicht vielleicht eine neue Idee dazu einfällt.
4. Versuchen Sie nicht, erst das ganze Buch zu lesen und dann wieder von vorne anzufangen und die Übungen zu machen! Um den größtmöglichen Nutzen zu erlangen, *müssen* Sie die Übungen dann machen, wenn Sie vorgeschlagen werden!
5. Teilen Sie von dem, was Sie machen, soviel wie möglich Ihrer Partnerin mit. Je mehr sie mit einbezogen ist und alles zu verstehen lernt, desto leichter ist es für Sie!

6. Kapitel

Voraussetzungen, um Ihre sexuelle Empfindsamkeit zu steigern

Dieses Kapitel ist das wichtigste im ganzen Buch!

Widmen Sie ihm große Aufmerksamkeit!

Eines der lächerlichsten Mißverständnisse, das Männer über ihre Sexualfunktionen haben, ist die Vorstellung, sie könnten, wann immer sie es wünschen und unter jeden Umständen, eine Erektion bekommen. Dieses Thema wurde schon im vorhergehenden Kapitel angesprochen, und ich hoffe, Sie wissen jetzt, wie total idiotisch diese Behauptung ist! Oft entspricht genau das Gegenteil den Tatsachen! Kein Mann kann erwarten, daß er für sexuelle Reize empfänglich und zur Erektion fähig ist, solange seine eigenen Voraussetzungen, sexuell empfindsam zu reagieren, nicht in Ordnung sind!

Wenn Sie jung sind, ist Ihr sexuelles Nervensystem oft so erregbar, daß die geringste Kleinigkeit eine Erektion bei Ihnen hervorrufen kann. Das geschieht häufig und sogar dann, wenn Sie es überhaupt nicht wünschen und es Ihnen äußerst peinlich ist: Diese Tatsache unterstützt unglücklicherweise den Mythos, der dann sofort von sexuell unwissenden und unerfahrenen Freunden aufgegriffen wird, daß ein richtiger Mann, wann immer er will, eine Erektion bekommen kann. Es dauert jedoch nicht allzu viele Jahre, bis ein Mann merkt, welch ein Trugschluß dieser Gedanke ist. Denn wenn wir älter werden, hören diese unkontrollierten Erektionen auf. Früher oder später müssen wir akzeptieren, daß wir ›ihn‹ nicht ›hochkriegen‹, wenn nicht einige grundlegende Voraussetzungen gegeben sind – mit anderen Worten, unsere Fähigkeit, für sexuelle Reize empfänglich zu sein, muß stimmen. Je älter wir werden, desto entscheidender wird es, diese Voraussetzungen zu beachten!

Was ist mit den notwendigen Voraussetzungen eigentlich gemeint?

Eine Voraussetzung in dieser Hinsicht ist im wesentlichen alles, was Ihre Fähigkeit, sexuell zu reagieren, beeinflußt. Mit anderen Worten, es ist etwas, dessen Vorhandensein oder Fehlen es für Sie leichter macht zu reagieren. Das kann etwas in Ihnen selbst sein, in Ihrer Partnerin, Ihrer Beziehung oder Ihrer Umgebung.

Welches sind die Voraussetzungen, um auf sexuelle Reize empfänglich reagieren zu können?

In der Regel sind es ganz persönliche, individuelle Bedingungen, einige treffen jedoch auf die meisten Männer zu. Diese allgemeinen Voraussetzungen werden im folgenden beschrieben.

1. Seien Sie nicht zu müde! Wenn Sie müde sind, können Sie nicht erwarten, für Sex empfänglich zu sein.
2. Sie müssen körperlich fit sein! Wenn Sie rasende Kopfschmerzen haben oder Ihr Rücken fürchterlich schmerzt, oder wenn Sie sich irgendwo sonst sehr unwohl fühlen, ist es lächerlich zu erwarten, daß Ihre Erektionsmechanismen richtig funktionieren.

3. Sie müssen emotional ausgeglichen sein! Haben Sie irgendwelche Schuldgefühle, sind Sie frustriert, wütend, besorgt, oder sonst irgendwie niedergeschlagen, erwarten Sie nicht, ihn hochzubekommen, denn diese emotionalen Zustände wirken sich sehr nachhaltig auf Ihre Erektionsfähigkeit aus.
4. Mangelndes Interesse an Sex! Wenn Sie aus irgendwelchen Gründen eine Zeitlang nicht allzusehr an Sex interessiert waren, dann pokern Sie hoch, wenn Sie annehmen, normal erigieren zu können.

   Obwohl es zunächst unglaublich zu sein scheint, denken viele Männer, sie seien an Sex interessiert, auch wenn sie es gar nicht sind. Das liegt daran, daß sie sich auf die Situation beziehen, in der sie sich gerade befinden und nicht auf ihre Gefühle. Wenn sie in einer Situation sind, die sie als sexy definieren, also z. B. mit einer attraktiven Frau zusammen sind, die auf Sex aus ist, dann vermuten sie, daß sie ebenfalls darauf aus sind, weil sie meinen, sie müßten es sein!

   Denken Sie daran, falls Ihre Partnerin sexuelles Interesse zeigt, Sie selbst aber nicht in der Stimmung dazu sind, daß es absolut keinen Grund gibt, sie nicht wissen zu lassen, wie Sie sich fühlen. Statt gemeinsam Geschlechtsverkehr zu haben, können Sie ihr anbieten, sie bis zum Orgasmus zu stimulieren. Es gibt kein Gesetz, das besagt, daß Sie, wenn Sie sich in einer sexuellen Situation befinden, aktiv und erregt reagieren müssen! Doch es spricht für gutes Sexualverhalten, wenn Sie Ihrer Partnerin, sollte diese sexuell erregt sein, anbieten, sie anderweitig zu befriedigen. Vielleicht revanchiert sie sich ja mal dafür.
5. Mangelndes Interesse oder fehlende Anziehungskraft

beim Partner! Ist Ihre Partnerin nicht anziehend genug für Sie, obwohl Sie sexuell erregt sind, was veranlaßt Sie dann, sie dennoch lieben zu wollen? Aufgrund solch vager Voraussetzungen, müssen Sie sich nicht wundern, wenn Ihr Penis nicht so will, wie Sie wollen!

6. Sorgen über Ihre Wirkung beim Geschlechtsverkehr! Wenn Sie sich Gedanken darüber machen, wie gut oder schlecht Sie beim Sex sind und was Ihre Partnerin davon halten mag, dann aktivieren Sie damit eine der mächtigsten und destruktivsten Hemmungen der Erektion, und die Wahrscheinlichkeit, ›ihn‹ überhaupt hochzubekommen, ist äußerst gering.
7. Spannungen in der Beziehung zu Ihrer Partnerin! Wenn Sie mit Ihrer Partnerin Geschlechtsverkehr haben wollen, Sie aber mit ihr im Streit liegen, dann wird Ihr Penis wahrscheinlich so reagieren, als fühle er genauso! Es wird einige Zeit dauern, bis Sie Ihre negativen Gefühle überwunden haben und ›er‹ wieder so reagiert, wie Sie es wünschen! Sie können z. B. fünf Minuten nach einem Streit mit Ihrer Partnerin nicht erwarten, daß alles normal verläuft.
8. Zu viele Gedanken im Kopf! Wenn Sie keine Ruhe finden, weil Ihnen ungelöste Probleme oder Ereignisse des Tages nicht aus dem Kopf gehen, dann werden Sie feststellen, daß auch Ihr Penis nicht richtig erigiert. Soll Ihr Penis Sie nicht im Stich lassen, so erwartet er auch von Ihnen, daß Sie das Richtige tun – mit anderen Worten, konzentrieren Sie sich auf die sinnlichen und erotischen Aspekte der sexuellen Situation. Und das können Sie einfach nicht, wenn Ihre Gedanken woanders sind.

9. Fehlende geistige und körperliche Stimulation! Speziell wenn Sie etwas älter sind, können Sie nicht erwarten, eine Erektion zu bekommen, nur weil Sie Lust haben und sich in einer sexuellen Situation mit Ihrer Partnerin befinden. Sie werden nicht genügend erregt, wenn das Liebesspiel zum stereotypen Ritual geworden ist – obwohl Sie Ihre Partnerin lieben und sie attraktiv finden. Es kann sein, daß Sie nicht nur mehr geistige Stimulation und Erregung brauchen, sondern auch mehr direkte Stimulation des Penis.
10. Ungeeignete Umgebung! Wohnen Sie so, daß niemand Sie stören kann? Wissen andere Personen, was Sie gerade tun, oder können diese Sie sogar hören? Erwarten Sie, daß jeden Moment das Telefon klingelt? Frieren Sie oder ist Ihnen zu warm? Unsere Sinnesorgane zwingen uns dazu, daß der Liebesakt in passender Umgebung stattfindet, wenn das nicht der Fall ist, können Sie auch nicht erwarten, daß Ihr Penis so reagiert, wie Sie es wünschen!
11. Zuviel Alkohol (oder andere Drogen)! Denken Sie daran, daß der Alkoholgehalt im Blut, der die Fähigkeit zur Erektion beeinträchtigt, von Mann zu Mann unterschiedlich hoch sein kann! Bei einigen Männern reichen schon geringe Mengen Alkohol. Generell sollten also Männer mit Erektionsproblemen sehr vorsichtig sein, was ihren Alkoholkonsum betrifft! Das kann nicht ausdrücklich genug betont werden!

Viele Männer, die ich beraten habe, wollten mir kaum glauben, daß sie diesen Voraussetzungen Aufmerksamkeit schenken müssen. Sie behaupteten, daß Sie *früher* trotz mangelnder Voraussetzungen ohne Schwierigkeiten erigieren konnten. Andere Patienten wiederum zitierten Freunde, die behaupteten – oder vorgaben –, sie könnten unter allen Umständen sexuellen Verkehr ausüben, egal wie widrig alles sei. Es stimmt, es gibt tatsächlich einige Männer, deren Erektionsfähigkeit zum größten Teil unbeeinträchtigt ist von ihrem emotionalen oder körperlichen Zustand – als sei irgendwann einmal ihr Penis von ihren Gefühlen isoliert worden. Sie mögen diese Fähigkeit beneiden, aber überlegen Sie einmal, diese Männer bezahlen, öfter als man glaubt, einen hohen Preis dafür – denn sie sind unfähig, wirkliche Freude am sexuellen Kontakt zu empfinden.

Wir Männer *müssen verstehen* und *akzeptieren lernen,* daß sich mit zunehmendem Alter unsere sexuelle Empfindsamkeit verändert, und daher sind wir gezwungen, diesen Voraussetzungen Aufmerksamkeit zu schenken, um sexuell weiter empfänglich zu sein. Dies wird, je älter wir werden, *zunehmend wichtiger*!

Die Tatsache, daß Sie früher diese Voraussetzungen nicht beachtet haben und dennoch erigieren konnten, heißt nicht, daß Sie das auch weiterhin tun können! Sie müssen ganz einfach die Tatsache akzeptieren, daß Sie früher oder später, wie jeder andere Mann auch, gezwungen sein werden, ihnen Aufmerksamkeit zu schenken, *ob Sie wollen oder nicht!*

Viele Männer, die wie die meisten von uns durch Sexualmythen beeinflußt worden sind, halten es für ein Zeichen von Schwäche, für unzulänglich, unmännlich und weiblich, diese Voraussetzungen beachten zu müssen, um sexuell empfindsam reagieren zu können. Sie finden eine derartige Vorstellung widerwärtig! Wenn das für Sie auch zutrifft, sollten Sie lieber damit beginnen, diese lächerliche Einstellung zu ändern, oder Sie zahlen über kurz oder lang einen hohen Preis (Unglücklichsein) für Ihre Torheit! Ich kann Ihnen versichern, daß Sie viel mehr Erfolg haben werden, wenn Sie Ihre Einstellung verändern, als wenn Sie versuchen diese Voraussetzungen zu ändern.

Spezielle persönliche Bedingungen

Nun gibt es aber Männer, die benötigen ganz besondere persönliche Bedingungen für ihre Erektionsfähigkeit, denn schließlich sind wir alle einzigartige Individuen mit verschiedenen Bedürfnissen, Geschmäckern und Interessen. Das wird vor allem bei Männern deutlich, die einen sogenannten sexuellen Fetisch brauchen, der vorhanden sein muß, damit sie potent sind. Dies kann z. B. ein spezifischer Einrichtungsgegenstand oder ein Kleidungsstück sein. Sie mögen diese seltsamen Bedingungen für lächerlich halten oder sogar für pervers, aber sie sind harmlos, und es ist viel einfacher damit zu leben, als dies verändern zu wollen, und überhaupt, was ist daran verkehrt, ein wenig anders zu sein als die anderen?

Übungen, um die für Sie geeigneten Voraussetzungen herauszufinden

Wenn Sie allein und nicht müde oder beschäftigt sind, setzen Sie sich mit Papier und Stift irgendwo hin. Schließen Sie die Augen, denken Sie an die jüngste sexuelle Erfahrung, die Sie als sehr befriedigend erlebt haben und bei der Sie *keine Erektionsprobleme* hatten. Lassen Sie alles in Gedanken noch einmal vor sich ablaufen, vom Anfang bis zum Ende. Dann schreiben Sie alle Faktoren auf, an die Sie sich erinnern können und die zu diesem erfolgreichen Erlebnis beigetragen haben – bei Ihnen, Ihrer Partnerin, in Ihrer Beziehung und der allgemeinen Umgebung. Wenn Sie damit fertig sind, gehen Sie noch einmal alle *allgemeinen* Voraussetzungen, die in diesem Kapitel erläutert worden sind, durch, und prüfen Sie nach, welche auf Sie zutreffen – fügen Sie diese dann Ihrer Liste hinzu.

Hatten Sie kein erregendes und erfolgreiches sexuelles Erlebnis, an das Sie sich erinnern können, lehnen Sie sich zurück und stellen Sie sich ein solches vor. Arbeiten Sie nun wie oben einige entsprechende Voraussetzungen dazu aus.

Als nächstes versuchen Sie sich an das schlimmste und unbefriedigendste sexuelle Erlebnis, das Sie hatten, zu erinnern. Arbeiten Sie damit weitere der für Sie wichtigen Voraussetzungen aus, genauso wie oben beschrieben. Wenn Sie damit fertig sind, prüfen Sie anhand meiner Liste der allgemeinen Voraussetzungen, welche zu diesem unbefriedigendem Erlebnis passen. Schreiben Sie dann das, was Ihnen wichtig erscheint, auf.

Wenn Sie diese beiden Übungen beendet haben, überlegen Sie, ob Ihnen noch etwas einfällt, was sich möglicherweise im positiven wie negativen Sinne auf Ihre Freude oder Ihre Befriedigung beim sexuellen Verkehr ausgewirkt hat oder haben könnte. Schreiben Sie es auf. Denken Sie daran, eine Voraussetzung ist grundlegend absolut alles, was sich auf Ihre Fähigkeit, sexuell zu reagieren, auswirkt!

Fällt Ihnen zu Ihren Voraussetzungen nichts Neues mehr ein, so versuchen Sie alles, was Sie aufgeschrieben haben, mit Ihrer Partnerin zu diskutieren. Achten Sie darauf, ihr alles zu erklären, so daß sie *genau* weiß, was Sie meinen! Vermeiden Sie eine oberflächliche Kommunikation mit ihr – drücken Sie sich *deutlich* aus! Wenn Sie z. B. äußern: »Ich brauche eine adäquate Penisstimulation«, so ist das viel zu allgemein. Das muß ganz *genau erklärt* werden: Wo? Ganz präzise, wie? Wann? Für wie lange? Usw.

Wenn Sie keine Partnerin haben, mit der Sie das diskutieren können, tun Sie so, *als seien Sie die Partnerin,* und stellen Sie sich selbst die Fragen, die eine echte Partnerin stellen würde, um ganz *genau* herauszufinden, was Sie meinen.

Wenn Sie das erledigt haben, fassen Sie alles, was Sie über sich selbst aus diesem Kapitel und den Übungen gelernt haben, zusammen. Mit anderen Worten, schreiben Sie eine endgültige Liste Ihrer Voraussetzungen, entsprechend sexuell empfänglich zu sein! Bemühen Sie sich um absolut praktische Ausdrücke, keine Allgemeinplätze. Das, was Sie exakt benötigen, muß *kristallklar* herauskommen!

Prüfen Sie, ob Ihre Liste eine Voraussetzung wie etwa folgende enthält: »Ich weiß und akzeptiere, daß eine Erektion für einen befriedigenden und erfolgreichen Sexualverkehr nicht unbedingt notwendig ist.« Das ist *ganz wesentlich,* wenn Sie Erektionsprobleme haben!

Bewahren Sie Ihre endgültige Liste irgendwo griffbereit auf, so daß Sie sie immer wieder sorgfältig, *laut und mit Gefühl*, einmal am Tag durchlesen können.

Im Laufe der Zeit werden Sie wahrscheinlich feststellen, daß Ihre endgültige Liste wächst, weil Ihnen all die vielen zusätzlichen Faktoren, die sich auf Ihr Sexualverhalten auswirken, zunehmend bewußter werden.

Erklären Sie möglichst vielen Freunden und Bekannten, sowohl Männern als auch Frauen, die allgemeine Bedeutung dieser Voraussetzungen, um für sexuelle Reize empfänglich zu sein. Verteidigen Sie das Konzept gegen alle Anfeindungen, so wie ich es in diesem Buch getan habe. Indem Sie anderen davon berichten, prägen sich diese äußerst wichtigen Ansichten noch intensiver in Ihr Bewußtsein ein.

Ihre sexuellen Rechte und Pflichten

Männer und Frauen sind gleichberechtigt, sowohl in allgemeiner als auch in sexueller Hinsicht. Das bedeutet, daß sie auch die gleichen sexuellen Rechte und Pflichten haben. Eine *wichtige Voraussetzung* für ein gutes Liebesleben ist, daß man in der Lage ist, seine sexuellen Rechte und Pflichten zum richtigen Zeitpunkt und der Situation entsprechend auszuüben!

Im Gegensatz zur irrtümlichen Ansicht vieler Männer und Frauen, ist ein Mann nicht für die Erregung und den Orgasmus seiner Partnerin verantwortlich – das gehört in *ihren* Zuständigkeitsbereich! Seine *einzige Verantwortung* ist sein Bemühen, wirklich alles zu tun, damit seine Partnerin die Art von Stimulation erhält, die sie sich wünscht. Wenn sie ihre Bedürfnisse und Wünsche nicht klar zum Ausdruck bringt und dadurch vielleicht nichts davon hat, so ist das ihr Problem und fällt in ihren Verantwortungsbereich, nicht in den Ihren!

Das gleiche gilt natürlich auch umgekehrt – wenn Sie ihr nicht genau zu verstehen geben, was Sie mögen, welche Art von Stimulation Sie brauchen, dann sind ganz allein Sie selbst daran Schuld, wenn Ihre Bedürfnisse nicht erfüllt werden und Sie konsequenterweise nicht richtig erregt sind!

Natürlich soll das nicht heißen, daß jeder Partner immer genau das tun muß, was der andere wünscht! Einige Arten der Stimulation, die den einen erfreuen, mögen dem anderen unangenehm sein, und nichts zwingt Sie, etwas zu tun, was Ihnen nicht gefällt. Sollte es zum Konflikt zwischen Ihnen und Ihrer Partnerin wegen eines bestimmten sexuellen Verhaltens kommen, so diskutieren Sie das Problem, wenn Sie sich nicht gerade beim Liebesspiel befinden, und versuchen Sie, den Standpunkt Ihrer Partnerin zu verstehen, und vielleicht können Sie sich dann auf einen Kompromiß einigen.

Als gleichwertige Partner in einer sexuellen Beziehung haben Sie gewisse Rechte, genauso wie Ihre Partnerin. Sie haben das Recht, um Geschlechtsverkehr zu bitten oder ihn zu beginnen – und sie hat natürlich das Recht, ihn abzulehnen – und ebenso umgekehrt. Sie haben das Recht, um jede besondere Form der Stimulation oder Aktivität zu bitten, die Sie sich wünschen, einschließlich sexuellem Kontakt ohne Orgasmus oder ohne Geschlechtsverkehr. Sie haben das Recht, den Liebesakt zu beenden, wenn Ihnen nicht länger danach zumute ist – und bieten dann hoffentlich Ihrer Partnerin an, um deren sexuelle Erregung zu befriedigen, sie weiter bis zum Orgasmus zu stimulieren, wenn sie das wünscht. Sie haben auch das Recht, zum Ausdruck zu bringen, wie Sie sich während des Liebesaktes fühlen. Seien Sie jedoch *sehr sanft*, falls Sie jemals etwas auch nur annähernd Kritisches über das Verhalten Ihrer Partnerin beim Liebesspiel äußern sollten! Alle Menschen sind *extrem empfindlich*, selbst geringster

Kritik gegenüber, was ihr sexuelles Verhalten betrifft. Einige Tips, Ihre sexuelle Kommunikation zu verbessern, finden Sie im Anhang 11.

Vielleicht wenden Sie jetzt ein, Sie würden zwar akzeptieren, daß Sie Rechte haben, aber Sie finden es schwierig oder unmöglich, darüber mit Ihrer Partnerin zu sprechen. Mit anderen Worten, Sie können ihr nicht das sagen, was Sie möchten, obwohl Sie wissen, daß Sie das Recht dazu haben. Abgesehen von Ihren sonstigen Bemühungen, Ihre allgemeine sexuelle Kommunikation zu verbessern, gibt es einen einfachen Weg, diese Schwierigkeit zu überwinden, indem Sie das, was Sie glauben ihr nicht sagen zu können, auf einen Kassettenrecorder sprechen. Hören Sie sich alles an, und kritisieren Sie sich ebenso konstruktiv, wie Sie sich auch angemessen loben. Wiederholen Sie die Argumentation eines bestimmten Problems immer wieder, variieren Sie es zwischenzeitlich etwas, bis Sie mit dem, was Sie hören, zufrieden sind. Praktizieren Sie das so häufig wie möglich, aber immer nur wenige Minuten lang, *maximal* fünf Minuten. Diese Methode ist äußerst effektiv!

Verfahren Sie dementsprechend, so wird es nur wenige Wochen dauern, bis Sie sich in der Lage fühlen, darüber mit Ihrer Partnerin zu sprechen.

Bitte beachten Sie: Ich schlage Ihnen *nicht* vor, daß Sie sich einen speziellen Text einprägen und immer wieder proben, um ihn dann irgendwann in ferner Zukunft zu äußern! Mit dieser Methode verbessern Sie nur Ihre allgemeine Kommunikationsfähigkeit, und irgendwann werden Sie feststellen, daß Sie bei bestimmten sexuellen Angelegenheiten alles, was Ihnen wichtig ist, sagen können, und zwar ganz spontan, einfach so und der Situation entsprechend.

Bitte beachten Sie jetzt folgendes:

1. Lesen Sie bitte nicht weiter, und machen Sie auch keine weitere Übung, bevor Sie nicht absolut alles getan haben, worum ich Sie in diesem Kapitel gebeten habe.
2. Lesen Sie sich Ihre endgültige Liste mit Ihren spezifischen Voraussetzungen *laut* vor, und das mit Gefühl und möglichst *jeden Tag*.
3. Begeben Sie sich *niemals* in eine sexuelle Situation, in der von Ihnen erwartet wird, daß Sie auf sexuelle Reize reagieren müssen, bevor nicht die meisten Ihrer persönlichen Voraussetzungen entsprechend gelöst sind! Erklären Sie Ihrer Partnerin Ihr Verhalten, das aber ohne jede Entschuldigung. Sie wird das gewiß verstehen, da Frauen schon in der Pubertät lernen, bestimmte sexuelle Bedingungen einzuhalten.

7. Kapitel

Woran erkennen Sie, daß Sie impotent sind?

Ob Sie es nun glauben oder nicht, aber die Beantwortung dieser Frage ist gar nicht so einfach! Die meisten Männer haben *gelegentlich* Schwierigkeiten, eine Erektion zu bekommen. Manche bekommen nie eine, andere haben zwar eine, aber können sie nicht aufrechterhalten. Dies alles ist völlig normal, und diese Männer sind *nicht impotent!* Dieser Begriff bedeutet, daß sich die Tatsache, eine adäquate Erektion zu bekommen oder aufrechtzuerhalten, *häuft* oder daß dies *immer* der Fall ist!

Was bedeutet das, eine ›adäquate‹ Erektion?

Da die einzige Funktion einer Erektion darin liegt, in die Partnerin eindringen zu können, ist eine adäquate Erektion eine, die kräftig genug ist, dies zu erreichen. Ein nicht ganz steifer Penis kann leichter in eine größere Vagina als in eine enge eindringen, und manche Frauen sind geschickter als andere, einen weniger erigierten Penis in sich einzuführen. Beide Partner beeinflussen also das, was eine adäquate Erektion ausmacht.

Was bedeutet dann Impotenz?

In der Praxis bezeichnet dieser Ausdruck die gewöhnlich oder gelegentlich auftretende Schwierigkeit, eine so starke Erektion zu bekommen, daß ein Eindringen in die Sexualpartnerin möglich ist, oder die gewöhnliche oder gelegentliche Situation, eine Erektion so lange aufrechtzuerhalten, bis es nach dem Eindringen zur Ejakulation gekommen ist.

Gibt es einen besseren Ausdruck für Impotenz?

Im allgemeinen Sprachgebrauch assoziiert man mit dem Wort Impotenz alle möglichen negativen Eigenschaften, wie verächtlich, verweichlicht, unmännlich, schwach usw., und das verschlimmert natürlich erheblich die Probleme und Nöte der betroffenen Männer. Ein besserer Ausdruck wäre ›erektile Funktionsstörung‹, der relativ frei von negativen Assoziationen ist.

Verschiedene Typen von Erektionsproblemen

Einige Männer haben Schwierigkeiten, steif genug für eine Penetration zu werden. Andere haben kein großes Problem damit, können aber die Erektion nicht aufrechterhalten. Andere Männer wiederum bekommen in der Regel eine normale Erektion, sind aber in bestimmten Situationen dazu nicht in der Lage. So mag ein Mann beim Masturbieren zu Hause kein Erektionsproblem haben, dafür aber in Gegenwart einer Sexualpartnerin, oder er hat bei einer Partnerin keine Probleme zu erigieren, sehr wohl aber bei einer anderen.

Normalerweise ist der ganze Penis von mangelnder Steifheit betroffen, manchmal trifft das jedoch nur auf einen Teil des Penis zu. Zum Beispiel kann der untere Teil des Penis ganz hart sein, aber der obere Teil ist zu weich für ein Eindringen. Manchmal erigiert nur die eine Seite des Penis normal oder relativ normal, während die andere schlaff bleibt, und dadurch neigt sich der Penis während der Erektion der schlaffen Seite zu.

In medizinischen Fachzeitschriften wird zwischen einer ›akut situationsbedingten‹ und einer ›chronischen‹ Impotenz unterschieden. Von ersterer spricht man, wenn ein Mann, der in der Vergangenheit nie Erektionsprobleme hatte, *plötzlich* nicht mehr in der Lage ist, adäquat zu erigieren oder die Erektion aufrechtzuerhalten, als Folge von Streß, Ärger, Müdigkeit, übermäßigem Alkoholgenuß usw. Danach ist er um seine Sexualfähigkeit so sehr besorgt, daß das Erektionsproblem anhält, obwohl die Umstände, die es beim ersten Mal auslösten, nicht mehr vorhanden sind. Chronische Impotenz dagegen beschreibt ein langjähriges oder immer wiederkehrendes Erektionsproblem.

Die einzelnen Arten der Impotenz werden deshalb unterschieden, um dadurch die Ursachen des Problems einfacher bestimmen und leichter überwinden zu können.

Mißverständnisse über die Bedeutung des Begriffes Impotenz

Manche Männer befürchten impotent zu werden, weil ihr sexuelles Verlangen und Interesse abgenommen hat, obwohl sie kein Problem haben, eine Erektion zu bekommen und aufrechtzuerhalten, wenn sie sich Sex wünschen. In diesem Fall spricht man *nicht* von Impotenz, sondern von einem Nachlassen des sexuellen Verlangens, das auf einen ganz *anderen Hintergrund* zurückzuführen ist.

Einige Männer hatten in der Vergangenheit häufig zweimal hintereinander Geschlechtsverkehr – nach einer kurzen Erholungspause nach der ersten Ejakulation. Wenn sie nun mit zunehmendem Alter feststellen, daß sie nicht mehr zweimal hintereinander erigieren können, glauben sie, impotent zu sein, obwohl sie überhaupt keine Probleme haben, beim ersten Mal eine Erektion zu bekommen und diese aufrechtzuerhalten. Diese Männer haben *kein* Potenzproblem – sie haben nur völlig unrealistische Ansprüche an sich selbst!

Die normalen Veränderungen des Erektionsverlaufs mit zunehmendem Alter (4. Kapitel) besagen, daß hier meistens keine Potenzstörung vorliegt, obwohl viele Männer aufgrund der altersbedingten Veränderungen und ihrer praktischen Konsequenzen glauben, eine Potenzstörung zu haben.

Unglücklicherweise wurde der Begriff Impotenz in der medizinischen Literatur der Vergangenheit ziemlich lokker mit anderen sexuellen Problemen in Verbindung gebracht, wie z. B. der zu schnellen Ejakulation, oder der Schwierigkeit zu ejakulieren. Auch dies hat *nichts* mit Impotenz zu tun, sondern *nur* etwas mit Erektionsproblemen!

8. Kapitel

Was Sie über die Ursachen von Impotenz wissen sollten

Normalerweise werden Erektionsprobleme nicht von einem einzigen Faktor verursacht, sondern von einer Vielzahl von ineinandergehenden Faktoren, von denen aber keiner allein für das Problem verantwortlich ist.

Die entsprechenden Ursachen werden in vier Gruppen unterteilt:

1. ›Körperlich bedingte Sensitivität‹
2. chemische Wirkstoffe
3. Krankheiten oder physische Abnormitäten
4. psychologische Faktoren

Körperlich bedingte Sensitivität

Die meisten von uns reagieren auf Streß mit körperlichen Symptomen, wie z. B. Durchfall, heftigen Kopfschmerzen, häufigem Urinieren usw. Natürlich entwickeln wir auch diese Symptome, wenn wir dauernd unter Streß stehen. Es gibt z. B. Männer, die haben *immer* Durchfall – ihr Darm reagiert überempfindlich auf die Auswirkungen von Streß.

Es scheint, als ob auch der Erektionsmechanismus mancher Männer besonders streßanfällig ist und deshalb Impotenz verursacht. Der genaue Grund für diese besondere Art, auf Streß zu reagieren, ist nicht bekannt, scheint aber in der individuellen Struktur des einzelnen zu liegen. Man sagt, daß bei diesen Männern eine ›körperlich bedingte Sensitivität‹ für ihre Erektionsprobleme verantwortlich zu machen ist, wie bei anderen für den Durchfall. Man kann nichts gegen diese Art der Erektionsprobleme tun, aber es gibt eine Menge von Möglichkeiten, um dem vorzubeugen, indem man z. B. Streß vermeidet. Hierzu später mehr.

Chemische Wirkstoffe und Impotenz

Einige Chemikalien, die in der Industrie und Landwirtschaft verwendet werden, sowie viele von Ärzten verschriebene Medikamente, können zur Entstehung und Beibehaltung der Impotenz beitragen. Die häufigsten chemischen Verursacher von Impotenz sind allerdings *Alkohol* und *Nikotin* (vom Rauchen).

Ist ein Mann mit Erektionsproblemen durch seine Arbeit oder sein Hobby bestimmten Chemikalien ausgesetzt, so sollte er sich an die für Berufskrankheiten zuständigen Stellen wenden und diese bitten, eine Untersuchung durchzuführen, ob sich diese Stoffe auf seine Erektionsfähigkeit auswirken können. Sollte das der Fall sein, so müßten entsprechende Maßnahmen getroffen werden. Tatsächlich sind jedoch nur wenige Chemikalien bekannt, die bei Männern Erektionsprobleme hervorgerufen haben.

Es ist erwiesen, daß viele verschriebene Medikamente Erektionsprobleme bei einigen Männern ausgelöst haben. Natürlich verursachen Medikamente nicht zwangsläufig Impotenz, das hängt immer auch von der Dosierung ab. Trotz der Tatsache, daß die meisten Medikamente Impotenz auslösen können, ist das in Wirklichkeit nur bei einem sehr *geringen Prozentsatz* von Männern eingetreten! Warum das der Fall ist, ließ sich leider nie genau feststellen, aber manchmal kommt zusätzlich zur Einnahme von Medikamenten noch ein weiterer Faktor hinzu, und diese Kombination löst dann die Impotenz aus. Manche Männer scheinen für diese Nebenwirkungen besonders anfällig zu sein. Die Anzahl der Medikamente, die zumindest gelegentlich Impotenz auslösen können, ist groß, und dazu gehören z. B. einige (aber gewiß nicht alle) blutdrucksenkenden Medikamente, Beruhigungsmittel und Antidepressiva. Wenn Sie irgendwelche *Medikamente nehmen* und ein *Erektionsproblem* haben, *fragen Sie Ihren Arzt*, ob diese Mittel jemals Impotenz ausgelöst haben! Wenn er es nicht weiß, kann er sich die in der Gebrauchsanweisung angeführten Nebenwirkungen durchlesen oder sich an den entsprechenden Pharmakonzern wenden, der sicherlich darüber Auskunft geben kann. Es muß Ihnen jedoch klar sein, daß auch wenn ein Medikament, das Sie nehmen müssen, *manchmal* Impotenz hervorrufen kann, das *nicht* unbedingt bedeutet, daß das auch bei *Ihnen* der Fall sein muß! Der einzig sichere Weg, das herauszufinden, besteht in der Möglichkeit, das Medikament abzusetzen (sollte das aus medizinischen Gründen möglich sein, was aber nur Ihr Arzt entscheiden kann), oder indem Sie auf ein anderes ebenso wirksames Medikament umsteigen, das dann hoffentlich keine Impotenz verursacht.

Alkohol, in großen Mengen konsumiert, stört die Erektionsfähigkeit bei jedem Mann, aber einige Männer sind besonders anfällig für die erektionshemmende Wirkung des Alkohols, und schon die geringste Menge reicht aus, um Impotenz auszulösen. Langanhaltender exzessiver Alkoholkonsum kann zu Impotenz führen, weil eine große Anzahl von Körperstrukturen, die den Erektionsprozeß beeinflussen, stark geschädigt wird.

Bei einigen Männern wurde festgestellt, daß Rauchen die Blutmenge, die in den Penis fließt, verringert und damit die Ursache von Impotenz werden kann. Man glaubt, daß der Nikotingehalt des Tabaks für diese Auswirkungen verantwortlich ist. Langanhaltendes Rauchen führt zur Arterienverkalkung, d. h. die Arterien verengen sich oder werden blockiert. Der dadurch verminderte Blutfluß in den Penis verbessert sich erst, wenn mit dem Rauchen aufgehört wird. Es ist eine Tatsache, daß *einige* Männer ihre Impotenz vollständig oder zumindest teilweise beheben konnten, weil sie aufgehört haben zu rauchen. Obwohl es mindestens drei Monate dauert, bis sich erste Auswirkungen zeigen. Jeder *impotente* Mann, der raucht, ist gut beraten, das *Rauchen vollständig aufzugeben!*

Krankheiten und physische Abnormitäten, die Impotenz verursachen können

Viele Krankheiten können Erektionsschwierigkeiten verursachen, vor allem diejenigen, die den Blutfluß in den Penis beeinträchtigen oder das Blut dem Penis zu schnell wieder entziehen. Diabetes ist ebenfalls eine Erkrankung, die häufig Erektionsprobleme mit sich bringt. Es ist jedoch äußerst wichtig zu wissen, daß normalerweise die *meisten* Männer, die an einer *Krankheit* leiden, die manchmal *Impotenz* zur Folge haben kann, *niemals Erektionsprobleme* hatten, und das zu keinem Stadium der Erkrankung! Nur weil ein impotenter Mann an einer Krankheit leidet, die manchmal Impotenz bewirken kann, wie z. B. Diabetes, so bedeutet das *nicht*, daß dieses Problem notwendigerweise mit dieser Erkrankung verbunden sein muß. Andere Faktoren können dafür verantwortlich sein oder zu den Auswirkungen der Krankheit hinzukommen, so daß schließich Impotenz auftritt. Selbst wenn in einem besonderen Fall nachgewiesen werden kann, daß eine Erkrankung wie z. B. Diabetes tatsächlich der auslösende Faktor gewesen ist, so heißt das dennoch nicht, daß die *Impotenz nicht überwunden* werden kann, auch wenn die Symptome unumkehrbar zu sein scheinen.

Die klinische Praxis hat oft genug gezeigt, daß es gut möglich ist, die adäquate Potenz wiederherzustellen, trotz des beträchtlichen Einflusses auf das Problem durch die irreversible Krankheit!

Eine geringe Anzahl von Krankheiten, die zur Impotenz beitragen, müssen wirklich ernsthaft behandelt werden und benötigen medizinische Betreuung. Möglichkeiten das herauszufinden, werden später vorgeschlagen.

Psychologische Faktoren, die zur Impotenz führen können

Es empfiehlt sich, diese Faktoren in die Einflußgruppen ›persönlicher Hintergrund‹ und ›Beziehungshintergrund‹ aufzuteilen.

Der persönliche Hintergrund

Der einzige wirklich entscheidende psychologische Faktor, der Impotenz auslösen kann, ist *Angst*, die *unvorstellbar mächtig* die Erektionsmechanismen hemmen kann. Angst – aus beinahe *jedem Grund* – kann alles lahmlegen! War ein Mann einmal impotent, so wird er große Angst davor haben, daß sich das wiederholt. Diese Angst, möglicherweise impotent zu sein, nennt man auch manchmal ›die Angst vorm Versagen‹.

Die Angst vorm Versagen ist von großer Bedeutung und wirkt sich *äußerst destruktiv* aus! Ich habe z. B. des öfteren Männer gesprochen, die nur ein einziges Mal – hervorgerufen durch Müdigkeit oder zuviel Alkohol –, impotent waren und die sich dann große Sorgen machten, ob sie jemals wieder eine Erektion bekommen würden. Sie wurden danach chronisch impotent, obwohl die eigentliche Ursache des Problems längst nicht mehr existierte!

Wenn Sie vor etwas *Angst* haben, dann häufig deshalb, weil Sie sich *Gedanken* machen, die Sie *ängstlich* machen! Angstauslösende Gedanken in einer sexuellen Situation treten gewöhnlich auf, weil irrationale Aspekte in bezug auf Sex, wie die im 5. Kapitel vorgestellten Mythen, Sie beeinflussen. Weitere angstproduzierende Gedanken sind z. B. die Furcht vor einer unerwünschten Schwangerschaft, bei einem Seitensprung überrascht zu werden, sich eine Geschlechtskrankheit einzufangen, zu schnell zu ejakulieren usw.

Ein Mann, der um seine Erektionsfähigkeit besorgt ist, wird fast immer den Fehler machen, sich *heftig* um eine Erektion zu *bemühen*, indem er z. B. seine Beckenmuskeln zusammenpreßt oder ähnliche Taktiken anwendet. Das ist das *Schlimmste*, was er tun kann, denn je mehr er sich *anstrengt*, um so *größere Schwierigkeiten* wird er haben, eine Erektion zu bekommen!

Streß kann ein entscheidender Impotenz auslösender Faktor sein, und das in sehr unterschiedlicher Weise. Er kann Sie angespannt und ängstlich machen oder gedankenverloren, so daß die Voraussetzungen zur Erektion nicht gegeben sind. Chronischer Streß kann Sie so schwächen, daß Sie generell versagen. Bei einigen Männern verhindert Streß die Erektionsfähigkeit, weil sie körperlich bedingt so überempfindlich darauf reagieren, wie schon anfänglich erläutert.

Wut, Schuldgefühle, Scham, Traurigkeit, Ekel, Eifersucht und andere negative Gefühle können Ihre Erektionsfähigkeit beeinträchtigen – genauso wie Angstzustände. Es spielt keine so große Rolle, was Sie veranlaßt, sich wütend, schuldig usw. zu fühlen. Tatsache ist, daß diese Emotionen an sich häufig die Fähigkeit haben, Ihre Erektionen zu blockieren, und zwar mehr oder weniger ungeachtet der Ursachen.

Wenn Sie unter Depressionen leiden, so kann Sie das ebenfalls impotent machen. Hierbei ist die Ursachenanalyse sehr kompliziert, denn Sie müssen sich nicht besonders deprimiert fühlen, um an Impotenz zu leiden! Im 10. Kapitel finden Sie nähere Erläuterungen zu dieser häufig auftretenden psychischen Erkrankung. Sobald Sie von Ihren Depressionen geheilt sind, wird sich auch Ihre Potenzfähigkeit wieder einstellen.

Die Erziehung kann ebenfalls großen Einfluß auf spätere Erektionsprobleme haben und dazu führen, daß der Mann auf bestimmte Situationen besonders empfindlich reagiert. Hat er z. B. als Jugendlicher Schuldgefühle entwickelt, weil er von seiner Mutter beim Masturbieren erwischt und dafür streng bestraft worden ist, so kann er sich dadurch auch beim Sex schuldig fühlen und Angst davor haben, wegen seiner Sexualität von Frauen nicht akzeptiert und geliebt zu werden. Ereignet sich z. B. etwas relativ Triviales in seiner sexuellen Beziehung zu seiner Partnerin, wie eine harmlose Verweigerung, weil sie einfach zu müde ist, so kann das seine irrationalen Schuldgefühle und Ängste wieder hochkommen lassen und nachträglich seine Potenzfähigkeit stören.

Besondere traumatische Ereignisse können manchmal Erektionsprobleme auslösen. So wurde z. B. ein junger Mann über Nacht vollständig impotent, weil er herausfand, daß seine Frau eine Affäre hatte. Selbst als das Paar die Situation bereinigt und sich wieder versöhnt hatte, hielt die totale Impotenz an. Dieser junge Mann erklärte, er müsse immer, wenn er mit seiner Frau schlafe, an deren Geschlechtsverkehr mit dem früheren Liebhaber denken, und das mache ihn völlig fertig und blockiere seinen gesamten Erektionsmechanismus.

Zusammenfassung

1. Angstgefühle beinahe jeder Ursache, aber besonders in bezug auf den sexuellen Verkehr sind der häufigste psychologische Faktor, der zur Entstehung und Fortdauer von Impotenz führen kann.
2. Ängste vor einer sexuellen Situation basieren nicht selten auf nutzlosen Gedanken, die oft auf die destruktiven Sexualmythen zurückzuführen sind.
3. Der Versuch, eine Erektion mit aller Gewalt *bewußt her-*

beizuführen, macht dies viel schwieriger oder fast unmöglich.

4. Streß kann die Erektionsfähigkeit beeinträchtigen.
5. Wut, Schuldgefühle, Scham, Unglücklichsein, Ekel und Eifersucht können – mehr oder weniger ungeachtet ihrer Ursache – die Erektionsfähigkeit hemmen.
6. Depressionen sind ein weitverbreitetes psychologisches Leiden, das oft Impotenz bewirkt.
7. Ihre Erziehung kann Sie für unbewußte Ängste und Schuldgefühle prädisponieren, und damit auch für Impotenz.
8. Traumatische Ereignisse und ihre Konsequenzen können Impotenz auslösen und zum Dauerzustand werden lassen.

Beziehungshintergrund

Ist die Beziehung zur Partnerin nicht in Ordnung, so kann ein Mann Erektionsprobleme bekommen, und zwar ganz einfach aus dem Grund, weil seine persönlichen Voraussetzungen, um auf Sex empfänglich zu reagieren, nicht stimmen. Es kann natürlich auch sein, daß er manchmal, wenn er z. B. auf die Partnerin wütend ist, gar keine Erektion bekommen will, als eine Art *Bestrafung* für sie, auch wenn er sich dieses Motiv selbst nicht eingesteht.

Jede zornige oder kritische Bemerkung Ihrer Partnerin über Ihre Erektionsprobleme macht es natürlich noch schwerer für Sie, adäquat zu erigieren. Aber selbst die gelegentlich einfach unvermeidliche *nichtverbale Reaktion der Enttäuschung oder Besorgnis* einer Sie wirklich liebenden, behutsamen und Sie akzeptierenden Partnerin kann Ihre Ängste in bezug auf Ihr *Erektionsproblem* noch *vergrößern* und es dadurch *verschlimmern!*

Eine nicht ungewöhnliche Aussage der Partnerin über die Impotenz, die die Absicht hat, *verständnisvoll* zu klingen, aber sich unglücklicherweise oft als nicht hilfreich erweist, lautet wie folgt:

»Liebling, mach dir keine Sorgen – es macht mir wirklich nichts aus. Laß uns jetzt aufhören und schlafengehen.«

Das klingt beruhigend und ist auch so beabsichtigt. Der impotente Mann versteht die Botschaft fälschlicherweise aber so:

»Ich reg' mich zwar nicht auf, aber ohne Erektion kein Sex.«

Da die meisten Männer bis zu einem bestimmten Grad der Ansicht zustimmen, daß Sex ohne Erektion nicht möglich ist, ist leicht zu verstehen, daß die Fehlinterpretation der Aussage ihrer Partnerin tatsächlich noch mehr Druck auf sie ausübt und den selbstauferlegten Wunsch nach Verkehr noch steigert.

Die *ideale* Antwort der Partnerin müßte lauten:

»Es macht mir überhaupt nichts aus, ob du nun erigierst oder auch nicht: wir lieben uns körperlich, und das ist doch das, was mir am meisten Spaß macht, also laß uns trotzdem ganz einfach weitermachen.« Das hilft wirklich gegen irgendwelche Bedenken in bezug auf die Gestaltung der sexuellen Liebe.

Eine weitere Reaktion, die die Absicht hat hilfreich zu sein, aber das Gegenteil bewirkt, ist folgende:

Die Partnerin geht während des Liebesspiels bis zum Äußersten, um ihrem Mann zu helfen, eine Erektion zu bekommen, sie rackert sich ab, um den Penis auf die eine oder andere Weise zu stimulieren, mit wahrer Besessenheit, oft über einen längeren Zeitraum. Ebensowenig hilfreich ist es auch, wenn sie *immer wieder* versucht, den Penis zur Erektion zu stimulieren. Unglücklicherweise sieht der impotente Mann, wie seine Partnerin *versucht,* ihn zum *Erigieren* zu bringen, was den Druck auf ihn, eine Erektion zu bekommen, noch mehr verstärkt und sein Problem zusätzlich verschlimmert.

Idealerweise wird Ihre Partnerin bei jeder ähnlichen Situation versuchen, die schwierige und delikate Balance zustandezubringen, Sie einerseits genital zu stimulieren und andererseits sich so zu verhalten, als kümmere es sie nicht, ob es zu einer für die Penetration nötigen Erektion kommt oder nicht.

Weitere gelegentlich auftretende Fehler der Partnerin in psychologischer Hinsicht, die zu den verschiedenen Auslösemechanismen der Impotenz zählen, wären folgende:

1. Dürftige Kommunikation während des Liebesspiels oder über das heikle Thema Erektion.
2. Mangelnde Kenntnisse über richtige erotische Techniken.
3. Fehlendes Wissen über die Wirkungen des Alters, und wie man diese kompensieren kann.
4. Beibehaltung von Verhalten, das von Sexualmythen gesteuert wird, wie z. B. »Es liegt alles am Mann«, usw.
5. Mangelndes echtes Interesse in bezug auf Sexualität.

Gewisse Beziehungshintergründe sind für die Behandlung von so entscheidender Bedeutung, daß in verschiedenen Zusammenhängen nochmals auf sie eingegangen wird, speziell im 9. und 10. Kapitel.

9. Kapitel

Wie reagieren Männer und Frauen auf Impotenz?

Viele Männer halten Impotenz für ein großes persönliches Unglück, weil ihr Selbstverständnis und ihre Auffassung von sich selbst als richtige Männer von ihren sexuellen Fähigkeiten geprägt werden. Sie reagieren auf Impotenz mit Angst, Depression oder Wut, alles Dinge, die das Erektionsproblem normalerweise *verschlimmern*. Beim Liebesspiel bemühen sich Männer mit Erektionsschwierigkeiten *krampfhaft* um eine Erektion; aber diese zwanghaften Anstrengungen vermindern eher die Möglichkeit zu erigieren. Manche vermeiden lieber sexuelle Situationen, um der Erniedrigung zuvorzukommen, und bemühen sich, sämtliche sexuellen Gefühle und Bedürfnisse aus ihrem Leben zu verbannen. Diese Vermeidung verschlimmert wiederum das Erektionsproblem. Ernsthafte Depressionen können die Folge sein, und es hat auch schon Selbstmorde deswegen gegeben. Manche ertränken ihren Kummer im Alkohol.

Einige Männer dagegen akzeptieren das Problem ohne Besorgnis, besonders wenn sie älter sind und glauben, Impotenz sei eine unvermeidliche Konsequenz, die das Alter so mit sich bringt. Vorausgesetzt, die jeweilige Partnerin hat nichts dagegen einzuwenden, so werden derjenige bzw. dieses Paar bis zum Tod ohne jede Art von Sexualität weiterleben.

Manche Paare finden eine Form des befriedigenden sexuellen Kontakts, wie z. B. das Liebesspiel mit gegenseitiger Stimulation zum Orgasmus.

Die meisten Männer, die mich um Rat gefragt haben, sorgen sich vor allem darum, ihre Impotenz vor anderen, einschließlich ihren Partnerinnen zu verbergen, und sogar sich selbst gegenüber wollen sie sie nicht richtig eingestehen!

Obwohl Impotenz gewiß kein Segen ist, gibt es absolut keinen Grund, warum sie die beschriebenen starken emotionalen Reaktionen hervorrufen oder gar einen befriedigenden Liebesakt stören sollte! Wenn dem so ist, so liegt das größtenteils an den dummen und destruktiven Wirkungen der weitverbreiteten Mythen über sexuelles Verhalten, die wir im 5. Kapitel beschrieben haben.

Im allgemeinen sind Frauen weit weniger über die Impotenz ihrer männlichen Partner besorgt als diese, obwohl es natürlich Ausnahmen gibt. Aber Frauen machen sich, wenn die anhaltende Impotenz zum ersten Mal bei ihren Partnern auftaucht, Gedanken, ob *sie selbst* nicht vielleicht irgend etwas falsch gemacht hätten! Wirken sie wirklich noch attraktiv auf ihn? Liebt er sie immer noch? Verhalten sie sich beim Liebesakt richtig? Idealerweise oder in einer echten guten Beziehung wird die Partnerin eines impotenten Mannes seine Sorgen teilen und ihm Mut machen. Sie wird ihm erklären, daß Geschlechtsverkehr nicht das ein und alles ist und daß ihr in bezug auf Sexualität, die ja auch weiterhin möglich und wünschenswert ist, Nähe und Zärtlichkeit viel wichtiger sind. Jedoch ist es selbst in der besten Beziehung, in der die Frau den Geschlechtsverkehr mit dem Partner aufrichtig genossen hat, für sie gelegentlich nicht möglich, Gefühle wie Besorgnis, Enttäuschung oder Frustration vor ihm zu verbergen. Bedauerlicherweise neigen selbst die verständlichsten Reaktionen dazu, die Bedenken des Mannes über sein Erektionsproblem zu verstärken und damit alles nur noch zu verschlimmern. Die enthusiastischen Bemühungen der Frau, daß es zu einer Erektion kommen möge, wirken sich genauso verheerend aus.

Leider versäumen es einige Paare, das Problem offen miteinander zu diskutieren, weil es z. B. beiden peinlich ist oder weil die Frau glaubt, die Gefühle ihres Partners zu verletzen. Das kann dazu führen, daß das Paar gemeinsamen Sex völlig aufgibt.

Einige Frauen reagieren wütend oder kritisierend auf die Erektionsschwierigkeiten ihres Partners, als ob er ihnen vorsätzlich etwas entziehen würde, worauf sie ein Recht hätten. Verständlicherweise verstärkt eine derartige Reaktion das Problem des Mannes noch mehr und macht es ihm zudem schwieriger, jemals wieder potent zu werden. Gleichzeitig weist dieses Verhalten darauf hin, daß die Beziehung des Paares nicht die beste sein kann.

Einige Frauen, die tief in ihrem Innern nie wirkliches Interesse an Sex gehabt haben oder denen er nie Spaß gemacht hat, werden bis zu einem gewissen Grad jetzt sogar die Impotenz ihres Partners begrüßen, denn nun brauchen sie nicht das zu tun, was sie früher lediglich ihrem Partner zuliebe über sich ergehen lassen haben, unabhängig von ihrer Liebe zu ihm.

In einigen, glücklicherweise seltenen, aber besonders unheilvollen Beziehungen kann es der Frau sogar regelrecht zusagen, daß ihr Mann impotent ist. Das liegt nicht einfach daran, daß sie keinen Spaß am Sex hat, sondern vielmehr an ihrem irrationalen Bedürfnis, den Partner zu kontrollieren, und Impotenz macht das besonders leicht. Denn er fühlt sich schuldig, weil er wegen seiner Unzulänglichkeit seiner Frau nicht das geben kann, was sie seiner Meinung nach braucht. Und daher ist er bereit, ihr alle Wünsche zu erfüllen, als eine Art Wiedergutmachung für sein Versagen. Andererseits muß er befürchten, daß sie ihn zurückweist oder verläßt, und deshalb tut er alles, um ihr zu gefallen, über kurz oder lang hat seine Partnerin ihn total in der Hand, sie kontrolliert alles. Diese Art von Frau neigt oft dazu, sich in bezug auf Sex wie eine Märtyrerin zu verhalten, aber wenn jemand versucht, die Impotenz ihres Partners zu behandeln, und ihre Machtposition damit gefährdet, sabotiert sie bewußt die ganzen Behandlungsbemühungen. In all den Jahren als Therapeut hat mir eine Regel bei der Analyse besonders geholfen – je nachdrücklicher und öfter sich eine Frau über die Impotenz ihres Mannes beschwert, desto mehr trifft es zu, daß sie seine Impotenz bis zu einem gewissen Grad wirklich braucht! Durch ihre Beschwerden fühlt er sich weiter schuldig, und sie kontrolliert ihn, indem sie sein Problem ausnutzt.

Manchmal trifft man auf einen Mann und seine Partnerin, die echt über seine Impotenz besorgt zu sein scheinen und behaupten, ihre Beziehung sei – abgesehen von dieser Schwierigkeit – völlig in Ordnung. Lernt man die beiden jedoch näher kennen und beobachtet ihre Verhaltensweise, so wird offensichtlich, daß ihre Beziehung wirklich untragbar geworden ist, sich aber keiner der Partner diese furchtbare Wahrheit eingestehen will. Das Paar steckt unter einer Decke, um den Mythos, die Impotenz sei ihr einziges Problem, zu wahren. In Wirklichkeit ›brauchen‹ beide diese das Gesicht wahrende Erklärung für ihre zugegebenen Schwierigkeiten, denn sonst müßten sie sich die häßliche Tatsache eingestehen, daß es ihnen nicht gelingt, ihre Beziehung am Leben zu erhalten. Selbstverständlich wird eine Impotenz mit diesem Hintergrund auf keine Behandlungsmaßnahme ansprechen, solange die grundlegenden Beziehungsprobleme nicht entlarvt, zugegeben und irgendwie gelöst worden sind.

Ich möchte Sie nun mit einigen wichtigen Verallgemeinerungen, die auf klinischen Erfahrungen basieren, bekannt machen. Erstens, die meisten emotionalen Reaktionen auf die Impotenz eines Mannes machen das Problem nur schlimmer. Zweitens, beinahe jede Verhaltensweise einer Partnerin (außer der völligen Akzeptierung *und* der entschlossenen Fortsetzung des Liebesaktes mit anderen Techniken als dem Geschlechtsverkehr), hat immer die Tendenz, die Impotenz zu verstärken. Und schließlich der bei weitem wichtigste und psychologisch entscheidende Faktor für eine erfolgreiche Behandlung der Impotenz, die Qualität der gegenseitigen Beziehung zum Partner. Es ist wirklich erstaunlich, wie selbst Potenzprobleme, die auf irreversible körperliche Schäden zurückzuführen sind, mit Hilfe einer echt liebenden, aufmerksamen und kooperativen Partnerin überwunden werden konnten!

Sollten Sie keine Partnerin haben, so interpretieren Sie bitte die letzten Bemerkungen nicht so, als könnten Sie ohne Partnerin Ihr Problem nicht in den Griff bekommen, das stimmt auf keinen Fall!

Es ist dagegen eine Tatsache, daß Ihre erfolgreiche Behandlung, sollten Sie eine Partnerin haben, die eben *nicht* liebevoll, aufmerksam und wirklich kooperativ ist, sehr viel schwieriger wird!

Hoffentlich ist deutlich geworden, daß die Potenzstörungen eines Mannes, der eine Partnerin hat, nicht nur *sein* sondern *ihr gemeinsames* Problem sind, da die Geschlechtsstruktur der Partnerin, deren erotische Geschicklichkeit und psychologische Reaktionen auf die Schwierigkeit des Mannes die Erektionsprobleme entscheidend beeinflussen. Die logische Konsequenz dieser Kenntnis lautet, daß wenn ein *impotenter* Mann eine *Partnerin* hat, *sie aktiv* an jeder Art von *Behandlung teilnehmen* muß! Ohne ihre bereitwillige Teilnahme und Kooperation wird jeder Therapeut oder jede Heilmaßnahme auf unüberwindliche Grenzen stoßen. Wenn sie bewußt nicht mitarbeitet, hat ihr Partner wenig Chancen, jemals wieder in ihrer Gegenwart potent zu werden, und zwar so lange nicht, bis sich ihre Einstellung und ihr Verhalten dazu geändert haben.

10. Kapitel

Wie Sie Ihr Problem richtig einschätzen und mit der direkten Behandlung der Impotenz beginnen können

Selbsteinschätzung

Es sollte Ihnen klar sein, daß es immer sehr schwierig ist, die vielfältigen Faktoren, die zur Impotenz beitragen, selbst richtig einzuschätzen. Sogar wenn jemand über eine gute Portion medizinischen und psychologischen Wissens verfügt, muß er sich doch eingestehen, daß er in vielen Punkten, die ihn persönlich betreffen, ziemlich blind ist. Nichtsdestotrotz sollten Sie gezielt versuchen, die entscheidenden Einflüsse, die Ihr Potenzproblem ausgelöst haben könnten, herauszufinden, und danach entscheiden, ob Sie zusätzlich noch Hilfe von außen brauchen.

Indem wir uns an die Überschriften des 8. Kapitels als Richtschnur für die Ursachen von Impotenz halten, wollen wir jetzt damit beginnen, Sie systematisch durchzuchecken.

Körperlich bedingte Sensitivität

Lassen sich aus Ihrer Vergangenheit Rückschlüsse ziehen, ob Ihr Penis besonders empfindlich auf Streßsituationen reagiert? Ist das der Fall, müssen Sie sich unbedingt bemühen, so wenig Streß wie möglich zuzulassen und die nachteiligen Wirkungen von Streß durch regelmäßige Entspannungsübungen, wie sie im Anhang 5 beschrieben werden, abzubauen. Sie müssen auch mehr als andere Männer besonders aufmerksam darauf achten, daß die Bedingungen, für sexuelle Reize empfänglich zu sein, in Ordnung sind! (6. Kapitel)

Chemische Wirkstoffe

Sind Sie bei Ihrer Arbeit oder bei Ihrem Hobby irgendwelchen Chemikalien ausgesetzt? Nehmen Sie Medikamente, ob nun verschrieben oder selbst in der Apotheke gekauft? Ist dies der Fall, gehen Sie so vor, wie es im 8. Kapitel beschrieben wird.

Wenn Sie *Raucher* sind, sollten Sie alles tun, um das Rauchen völlig *aufzugeben!*

Haben Sie Probleme damit, so sprechen Sie mit Ihrem Hausarzt darüber oder mit der örtlichen Gesundheitsbehörde, ob die Ihnen in irgendeiner Form behilflich sein können. Erwarten Sie bloß nicht, nachdem sie aufgehört haben zu rauchen, daß sich das sofort positiv auf Ihr Erektionsproblem auswirkt – es kann Monate dauern, bis sich irgendein Nutzen zeigt.

Wenn Sie gern *Alkohol* trinken, so lohnt es sich, wenigstens für einen Monat völlig damit aufzuhören, um herauszufinden, ob der Alkoholverzicht Ihr Potenzproblem verbessert. Sollte es Ihnen schwerfallen, mit dem Trinken aufzuhören, dann haben Sie vielleicht ein Alkoholproblem. Sie sollten sich beraten lassen, um zu klären, ob das bei Ihnen der Fall ist, und – wenn ja –, wie es überwunden werden kann. Ein guter Hausarzt wird sicherlich in der Lage sein, hierbei zu helfen.

Krankheiten oder physische Abnormitäten

Auf diesem Gebiet sich selbst richtig einzuschätzen ist schwierig. Zweifellos wäre es das einfachste, wenn Sie sich gründlich von Ihrem Arzt untersuchen ließen. Da das aber sehr viel Zeit in Anspruch nimmt, müßten Sie wahrscheinlich einen besonders langen Termin ausmachen. Denken Sie jedoch daran, selbst wenn diese Generaluntersuchung für Sie *ohne Befund* ausfallen sollte, heißt das noch lange nicht, daß es *keine körperlichen Faktoren* gibt, die zu Ihrem *Erektionsproblem* beitragen! Einige relevante Erkrankungen können nur mit Hilfe von Spezialtests ermittelt werden.

Wenn nur Teile Ihres Penis nicht steif oder nicht so steif werden wie der Rest, nach dem Anschwellen schmerzen oder sich in irgendeine Richtung neigen, was früher nicht der Fall war, so kann das bedeuten, daß Ihre Penisfunktionen physisch nicht in Ordnung sind, und Sie sollten einen Arzt aufsuchen. Er wird Sie wahrscheinlich zu einem Urologen überweisen.

Scheint Ihr Penis kleiner zu sein als früher, sich kalt anzufühlen oder eine andere Farbe angenommen zu haben, sollten Sie sich ebenfalls medizinisch untersuchen lassen, denn diese Veränderungen signalisieren oft ein Blutflußproblem im Penis.

Haben Sie Schmerzen in einem Hoden, ist dieser angeschwollen, oder haben Sie Probleme beim Wasserlassen

(z. B. sehr häufiges Urinieren, ein Brennen, es kommt mehr Urin heraus als üblich, oder überhaupt Schwierigkeiten zu urinieren usw.), dann suchen Sie bitte sofort Ihren Arzt auf. Haben Sie irgendwelche Beschwerden beim Ejakulieren, Blut in Ihren Samen oder Probleme, normal zu ejakulieren, so muß auch das medizinisch abgeklärt werden.

Fühlen Sie sich ganz allgemein unwohl oder erschöpft, haben Sie an Gewicht verloren, ohne eine Diät gemacht zu haben, oder Schmerzen oder Geschwulste, die Sie selbst medizinisch nicht diagnostizieren können, so müssen Sie sich untersuchen lassen.

Bemerken Sie Veränderungen Ihrer Sehkraft, Ihres Geruchssinns oder Gehörs oder allgemein einen Verlust, normal zu empfinden oder wahrzunehmen, oder irgendeine Schwächung oder Unförmigkeit in Ihren Muskeln an irgendeiner Stelle Ihres Körpers, so sollte das unbedingt medizinisch getestet werden. Jede ungewöhnliche Veränderung, wie ständige Kopfschmerzen oder eine Beeinträchtigung Ihres Sprechvermögens, muß ebenfalls untersucht werden.

Sollten Sie sich entscheiden, zunächst keine Generaluntersuchung machen zu lassen, weil Sie sich körperlich wohl fühlen und außer der Impotenz keine weiteren Symptome haben, so gehen Sie wahrscheinlich kein großes Risiko ein, daß ein ernsthaftes medizinisches Leiden vorliegt. Ändert sich allerdings nichts an Ihrem Erektionsproblem, obwohl Sie die Übungen des Selbsthilfeprogramms so sorgfältig wie vorgeschlagen gemacht haben, dann fordere ich Sie *dringend* auf, sich einmal untersuchen zu lassen, *selbst wenn* Sie annehmen, völlig gesund zu sein!

Es ist ein medizinischer Irrtum zu glauben, normale

morgendliche Erektionen oder solche während der Nacht würden bedeuten, daß keine physische Ursache für die Impotenz verantwortlich ist, obwohl sogar einige Ärzte dies nicht wissen. Es stimmt auch nicht, daß mit Ihnen körperlich alles in Ordnung sein muß, wenn Sie in einer Situation (beim Masturbieren etwa oder mit einer bestimmten Partnerin) eine Erektion bekommen, in einer anderen aber nicht! Selbst viele Ärzte wissen nichts von dieser zuletzt genannten Tatsache, weil sie sich erst in jüngster Zeit als wahr herausgestellt hat. Durch den Umstand, daß Sie völlig normale Erektionen in einigen Situationen haben (z. B. beim Aufwachen, während des Schlafs, in irgendeiner Form sexueller Aktivität), lassen sich zwar viele physische Krankheiten, die zur Impotenz führen können, ausschließen, aber *nicht alle*! So können z. B. wesentliche Blutflußprobleme im Penis, in den Arterien wie in den Venen, existieren, obwohl Sie unter gewissen Umständen eine Erektion bekommen.

Denken Sie daran, daß auch die *Genitalstruktur Ihrer Partnerin zu Ihrem Erektionsproblem beitragen kann!* Ist deren Vagina weit und schlaff, so werden Sie nach dem Eindringen vielleicht nicht genügend stimuliert und verlieren dadurch Ihre Erektion. Wenn die Vagina zu eng ist, mag es schwierig sein, in sie einzudringen, außer Sie haben eine sehr steife Erektion. In diesem Fall kann es ebenfalls zum Verlust der Erektion kommen, weil Sie zuviel Zeit brauchen, um hineinzugelangen. Trifft eine dieser Möglichkeiten auf Sie zu, sprechen Sie *in Ruhe* darüber mit Ihrer Partnerin. Geben Sie ihr unter *keinen Umständen* zu verstehen, daß sie die Schuld an Ihrem Problem trägt, beschweren Sie sich oder demütigen Sie sie keinesfalls deswegen! Denken Sie daran, daß irgendein vaginales Problem zwar ein Faktor für Ihre Schwierigkeit, aber niemals die ganze Ursache sein kann!

Die wichtigsten Prinzipien, sich selbst in bezug auf mögliche physische Ursachen der Impotenz richtig einzuschätzen, müssen Ihnen ganz klar sein. Sie lauten:

1. Eine Generaluntersuchung wäre ideal.
2. Stellen Sie irgendwelche körperlichen Symptome oder Abnormitäten fest, speziell die oben beschriebenen, so suchen Sie bitte einen Arzt auf. Wenn Sie ihn konsultieren, bitten Sie ihn gleich auch um eine Generaluntersuchung.
3. Fühlen Sie sich ausgesprochen wohl, bis auf die Symptome Ihrer Impotenz, können Sie zunächst auf eine Untersuchung verzichten. Reagiert Ihre Impotenz jedoch nicht auf die in diesem Buch vorgeschlagenen Maßnahmen, *sollten Sie sich einer Generaluntersuchung unterziehen, egal wie wohl Sie sich fühlen!*

Denken sie *immer* daran – eine Generaluntersuchung und das völlige Fehlen anderer physischer Symptome garantieren keinesfalls, daß nicht ein körperlicher Faktor Ihre Impotenz verursacht!

Psychologische Faktoren

Es empfiehlt sich, bei diesen Ursachen zwei Gruppen, die persönlichen Hintergründe und die aus einer Beziehung resultierenden, zu unterscheiden.

Persönliche Faktoren

Es ist ungeheuer wichtig, daß Sie herausfinden, ob Sie eventuell unter einer – fachmännisch ausgedrückt –

›depressiven Erkrankung‹ leiden, die eine weitverbreitete Krankheit ist. Die Ursachenanalyse ist aus medizinischer Sicht sehr kompliziert, besonders da Sie daran erkrankt sein können, ohne sich wirklich depressiv zu fühlen. Sind Sie *oft* niedergeschlagen, schwermütig, haben Sie Schuldgefühle, können Sie sich selbst nicht gut leiden, überlegen Sie oft, ob das Leben überhaupt lebenswert ist, schlafen Sie schlecht, haben Sie wenig Interesse an Dingen, die Sie früher erfreut haben, haben Sie das Gefühl, sich regelrecht zur Erledigung Ihrer alltäglichen Aufgaben zwingen zu müssen, stehen Sie oft unter Anspannung, haben Sie Angstgefühle, sind Sie des öfteren gereizt, schmeckt Ihnen das Essen nicht mehr so wie früher, mangelt es Ihnen an Energie, oder werden Sie sehr leicht müde, haben Sie an Gewicht verloren, können Sie sich schlecht konzentrieren, oder ist Ihr Erinnerungsvermögen mangelhaft, dann haben Sie höchstwahrscheinlich Depressionen. Natürlich hat niemand mit dieser Erkrankung *all* die aufgezählten Beschwerden auf einmal! Treffen jedoch einige davon auf Sie zu, *selbst wenn Sie sich nicht besonders depressiv fühlen*, sprechen Sie mit Ihrem *Arzt* darüber! Es ist übrigens gar nicht so schlimm, unter Depressionen zu leiden, denn die Behandlung ist häufig relativ einfach, und wenn Sie das hinter sich haben, kann auch Ihre Potenz wiederhergestellt sein, ohne daß Sie etwas anderes tun müssen.

Finden Sie heraus, ob Sie sehr oft besorgt und nervös sind oder sich gestreßt fühlen. Wenn das zutrifft, versuchen Sie zu klären, warum, und was Sie dagegen tun können. Selbst wenn Sie nichts entdecken oder die Ursachen verändern können, ist es möglich, Ihre Ängste und Anspannungen zu mindern, indem Sie regelmäßig Entspannungsübungen, wie die im Anhang 5 beschriebenen, praktizieren.

Es lohnt sich zu wissen, daß *Koffein* (der stimulierende Stoff in Kaffee, Tee und Colagetränken) oft *Spannungsgefühle* oder *Unruhe* auslösen kann! Wenn das in irgendeiner Weise auf Sie zutrifft, dann probieren Sie doch mal aus, ob es Ihnen besser geht, wenn Sie *vollständig* auf den Genuß dieser Getränke verzichten. Sollten Sie das tun, so kann es einige Monate dauern, bis Sie irgendwelche Auswirkungen spüren. Auch werden Sie sich eventuell eine Woche lang ziemlich miserabel fühlen, da der Verzicht auf Koffein Entzugserscheinungen hervorrufen kann.

Sind Sie oft nervös oder unruhig, und trinken Sie beinahe jeden Tag Alkohol, und das vielleicht sogar exzessiv, dann sind diese Zustände darauf zurückzuführen, auch wenn Alkohol Unruhe zunächst mindert. Sollte das also der Fall sein, *hören Sie einen Monat lang vollkommen auf Alkohol zu trinken,* und *beobachten Sie dann, wie Sie sich fühlen!* Berücksichtigen Sie auch meine schon früher geäußerten Bemerkungen über die Schwierigkeit, mit dem Trinken aufzuhören.

Sie sollten wissen, ob Sie in einer sexuellen Situation nervös oder unruhig sind, denn dann ist es schwierig, eine adäquate Erektion zu bekommen. Das ist immer dann der Fall, wenn Sie besorgt über Ihre Fähigkeit beim Sex sind. Versuchen Sie herauszufinden, was Ihnen für Gedanken durch den Kopf gehen, wenn Sie sich geschlechtlich mit jemanden vereinigen. Denken Sie darüber nach, wie gut oder schlecht Sie dabei sind? Überlegen Sie, wie Ihre Partnerin reagieren wird, wenn es ihr nicht gefällt? Sind Sie in Gedanken nicht bei der Sache, sondern ganz woanders? Wenn Sie sich nicht sicher sind, dann schließen Sie die Augen, denken Sie an einen erst kürzlich zurückliegenden Geschlechtsverkehr, versuchen Sie sich an jedes Detail zu erinnern, achten Sie auf Ihre Gefühle und Gedanken, die Sie dabei hatten. Denn *Ihre Gedanken* sind es, die *Sie ängstlich* oder *unruhig machen!* Schreiben Sie diese Gedanken, die Ihnen beim Sex durch den Kopf gehen, auf. Sie werden das noch für spätere Übungen brauchen (11. Kapitel).

Finden Sie heraus, ob Gefühle wie Wut, Schuld, Scham, Schwermut, Ekel oder Eifersucht sich direkt oder indirekt auf Ihr Verhalten während des Liebesakts negativ auswirken. Stören irgendwelche Emotionen Ihre sexuelle Empfänglichkeit?

Bemühen Sie sich bewußt, eine *Erektion zu bekommen?* Diese destruktive Gewohnheit müssen Sie sich augenblicklich abgewöhnen, denn je mehr Sie sich bemühen, um so schwieriger wird das Ganze. *Erektionen kann man nicht bewußt erzeugen, man kann sie nur zulassen!* Beginnen Sie keinen Krieg zwischen Ihrem Penis und sich selbst, indem Sie versuchen, ihn zum Aufrichten zu zwingen – er wird jedes Mal gewinnen!

Wenn Sie dieses Buch wie vorgeschlagen benutzt haben, es Kapitel für Kapitel gelesen und alles gemacht haben, worum ich Sie gebeten habe, dann verfügen Sie jetzt über eine Liste mit den wichtigsten Sexualmythen, die Ihre Suche nach sexuellem Glück behindern, und auch über eine Liste, in der Sie alle Mythen nach logischen und vernünftigen Kriterien überarbeitet haben. Und es liegt Ihnen eine schriftliche, detaillierte Zusammenfassung aller Voraussetzungen vor, damit Sie auf Sex empfänglich reagieren können. Sollte das nicht der Fall sein, fahren Sie *unter keinen Umständen* mit dem Buch fort, bevor

Sie nicht die dafür entscheidenden Kapitel noch einmal gelesen und sorgfältig die beschriebenen Aufgaben gemacht haben. Lesen Sie sich diese endgültige Liste Ihrer logischen, rationalen sexuellen Überzeugungen und Ihrer persönlichen Voraussetzungen gefühlvoll jeden Tag laut vor!

Beziehungsfaktoren

Ich muß Sie gleich im voraus warnen, daß es sehr schwierig ist, sich selbst gegenüber objektiv und richtig einzuschätzen, welche Einflüsse die Partnerbeziehung auf die Impotenz hat. Das soll Sie jedoch nicht daran hindern, es zu versuchen, bevorzugt mit der Hilfe Ihrer Partnerin, aber wundern Sie sich nicht, wenn Sie merken, daß Sie nicht weit kommen.

Erinnern Sie sich an meine zwei Faustregeln:

1. Die Reaktionen Ihrer Partnerin auf Ihr sexuelles Problem machen es häufig, wenn nicht sogar immer, unbeabsichtigt noch viel schlimmer – selbst in der besten Beziehung.
2. Die Aussicht, Ihre Impotenz zu überwinden, ist nur dann möglich, wenn Ihre Beziehung zu Ihrer Partnerin *wirklich aufrichtig* ist.

Prüfen Sie die folgenden Möglichkeiten, und seien Sie dabei so ehrlich wie möglich:

1. Haben Sie wirklich *offen* und *ausführlich* mit Ihrer Partnerin über Ihre Impotenz, und Ihre *rationalen* und *irrationalen Bedenken* darüber, gesprochen? Sind Ihnen die Gefühle Ihrer Partnerin dazu tatsächlich genau klar?

Wenn nicht, was hat das erschwert? Wie können Sie dieses versäumte Gespräch nachholen?

2. Haben Sie Ihrer Partnerin wirklich *ganz genau* klargemacht, welche Art von Stimulation Sie sich wünschen und brauchen? Falls nicht, worin besteht die Schwierig- bzw. Peinlichkeit, und was können Sie dagegen tun? Wenn Sie anschließend dennoch nicht richtig stimuliert werden, woran liegt das dann?
3. Haben Sie wirklich *beide* ihre erotischen Techniken und Erwartungen beim sexuellen Kontakt so abgeändert, daß Sie mit den Veränderungen, die das Alter für den Erektionsprozeß mit sich bringt, zurechtkommen? Wenn Sie sich *nicht* mehr ganz genau an diese Veränderungen *erinnern* können, so lesen Sie bitte nochmals das 4. Kapitel.
4. Übernehmen Sie während des Liebesakts die Verantwortung für die Erregung und Befriedigung Ihrer Partnerin? Ist sie zu passiv? Ist sie wirklich interessiert und beteiligt? Was können Sie tun, wenn das so ist?
5. Haben Sie beide es zugelassen, daß ihr sexueller Verkehr allmählich zur Routine geworden ist, so daß er nicht mehr sehr aufregend oder erregend ist? Was denkt Ihre Partnerin über diese Möglichkeit? Wenn das der Fall ist, was können Sie beide dagegen tun?
6. Hat *irgendeine* Reaktion Ihrer Partnerin auf Ihre Erektionsschwierigkeiten dazu geführt, diese zu verstärken? Lesen Sie mit dieser Frage im Kopf noch einmal das 8. und 9. Kapitel. Denken Sie daran, daß selbst *liebevolle und gutgemeinte Reaktionen manchmal die Impotenz unbeabsichtigt verstärken können!*
7. Sind Sie über einige nichtsexuelle Verhaltensaspekte Ihrer Partnerin ärgerlich oder enttäuscht? Gibt es

Dinge, die sie tut oder nicht tut, die Ihnen mißfallen? Welche Gefühle hat sie Ihrem Betragen gegenüber? Können sich diese nichtsexuellen Einflüsse möglicherweise störend auf Ihre sexuelle Beziehung auswirken? Wenn das so ist, was können Sie dagegen tun? Ist es möglich, daß Sie beide offen, ehrlich und ohne den anderen zu verletzen, über Ihre Unzufriedenheiten sprechen können?

Wenn deutlich wird, daß Ihre Beziehung ganz allgemein problematisch ist, und sich das auch auf Ihr Sexualleben auswirkt, so muß das ausgesprochen und geklärt werden, *bevor* Sie irgendeinen Versuch unternehmen, Ihr Erektionsproblem zu lösen. Vorausgesetzt, es ist möglich, daß Sie sich beide ruhig hinsetzen und konstruktiv über Ihre gegenseitigen Schwierigkeiten sprechen können, so kann es ja durchaus passieren, daß sich dadurch Ihr Erektionsproblem von ganz alleine löst. Wenn Sie Ihre Probleme nicht offen diskutieren können, ohne Streit zu bekommen oder völlig bestürzt zu sein, oder weil es zu sehr schmerzt, so sollten Sie eine Partnerschaftsberatung aufsuchen. Denken Sie daran, *es gibt wenig Aussicht auf eine erfolgreiche Behandlung Ihrer Potenzstörung, wenn Ihre Partnerschaft so problematisch ist!* Beziehungsschwierigkeiten müssen gelöst werden, bevor Sie damit beginnen können, Ihre sexuellen Probleme in Angriff zu nehmen!

Vorbereitungen auf die direkte Behandlung Ihrer Impotenz

Beginnen Sie die direkte Behandlung Ihrer Impotenz unter besten Voraussetzungen. Beachten Sie daher bitte folgendes, *bevor Sie mit den Übungen beginnen,* die speziell auf die Wiedererlangung Ihrer Potenz gerichtet sind:

1. Geben Sie das Rauchen auf. Wenden Sie sich – wenn nötig – an einen Spezialisten.
2. Versuchen Sie alles, was Ihnen möglich ist, um sich von chemischen Wirkstoffen oder Medikamenten, die zu Ihrer Impotenz beitragen könnten, zu befreien.
3. Falls Sie Alkohol trinken oder viele koffeinhaltige Getränke zu sich nehmen, prüfen Sie, ob das Ihr Problem verstärkt.
4. Falls erforderlich, lassen Sie sich von Ihrem Arzt untersuchen, ob sich eine physische Erkrankung eventuell auf Ihre Erektionsschwierigkeit auswirkt, und lassen Sie sich, wenn nötig, medizinisch behandeln.
5. Trägt die Genitalstruktur Ihrer Partnerin zu Ihrem Problem bei, diskutieren Sie das mit ihr, und probieren Sie entsprechende Heilmethoden dagegen aus (Beckenmuskelübungen, wenn die Vagina zu weit ist, gynäkologischen Rat, wenn sie zu eng ist).
6. Leiden Sie an einer depressiven Erkrankung, dann konsultieren Sie bitte einen Arzt, und lassen Sie sich entsprechend behandeln.
7. Reduzieren Sie Streß, und arbeiten Sie daran, die nachteiligen Auswirkungen von Streß durch regelmäßige Entspannungsübungen abzubauen (Anhang 5).
8. Bekämpfen Sie häufige Angstzustände und Anspannungen, indem Sie die dafür zuständigen Ursachen zu überwinden versuchen.
9. Klären Sie jedes wesentliche Beziehungsproblem.
10. Sind Sie häufig verärgert, schuldbewußt, voller Scham, schwermütig, ekeln Sie sich oder plagt Sie die Eifersucht, dann sehen Sie zu, was Sie dagegen tun

können, um sich von diesen Gefühlen zu befreien. Diskutieren Sie alle entsprechenden Einflüsse sorgfältig mit Ihrer Partnerin, und probieren Sie die nachfolgenden Übungen aus, um den Gedankenfluß zu stoppen (Anhang 3), sich zu entspannen (Anhang 5), sich zu desensibilisieren (Anhang 8), Anwendung des Premack-Prinzips (Anhang 2), Autosuggestion (Anhang 9), um dadurch diese Empfindungen zu mindern oder ganz los zu werden.

Wie Sie Angstgefühle, die Ihre sexuelle Situation beeinflussen, in den Griff kriegen, wird im nächsten Kapitel erläutert.

11. Kapitel

Was Sie jetzt tun können, um sich selbst zu helfen

Meine praktischen Vorschläge, Ihr Erektionsproblem zu überwinden und wieder Vertrauen in Ihre Erektionsfähigkeit zu erlangen, bestehen aus Übungen, die Sie zu Hause machen können, und einer Anzahl ineinandergreifender ›Bedingungen‹. Je mehr dieser Bedingungen erfüllt sind, desto größer sind die Aussichten auf Erfolg.

Bedingung 1
Sie müssen die Tatsache akzeptieren, daß es voraussichtlich eine beträchtliche Zeit dauern wird, bis Ihr Problem beseitigt ist!

Bedingung 2
Sollten Sie eine Partnerin haben, so müssen Sie offen und ehrlich mit ihr über Ihr Problem sprechen!

Bedingung 3
Die praktischen Übungen müssen Sie regelmäßig, sorgfältig und unter möglichst günstigen Voraussetzungen machen!

Bedingung 4
Sie müssen die richtige geistige Einstellung in bezug auf Ihre sexuellen Praktiken haben.

Bedingung 5
Üben Sie ›keinen Druck auf Ihren Penis‹ aus!

Bedingung 6
Sie sollten sich nur auf Sex einlassen, wenn Sie wirklich sexuell erregt und interessiert sind!

Bedingung 7
Sie müssen sicher sein, daß Ihre Voraussetzungen, um auf sexuelle Reize empfänglich zu reagieren, stimmen!

Bedingung 8
Sie sollten darauf achten, daß Sie richtig stimuliert werden!

Bedingung 9
Sie müssen sich auch intellektuell auf die Stimulation, die Sie während des sexuellen Kontakts erhalten, konzentrieren!

Einige dieser ›Bedingungen‹ greifen ineinander über, und sie sind auch nicht in der Reihenfolge, in der Sie eingehalten werden sollten, aufgelistet.

Bedingung 6 und 7 sind schon im 6. Kapitel erläutert worden. Inzwischen sollte Ihnen völlig klar sein, wie Ihre ganz persönlichen Voraussetzungen und Bedingungen beschaffen sein müssen, um sexuell empfänglich sein zu können. Sie werden nie wieder so dumm sein, sich in eine sexuelle Situation zu begeben, solange diese Umstände nicht erfüllt sind. Das heißt natürlich nicht, daß Sie jeden sexuellen Kontakt vermeiden müssen, wenn die Bedingungen nicht adäquat sind! Ist Ihnen danach, so können Sie es als angenehm empfinden, nackt mit Ihrer Partnerin zu schmusen und sie zu streicheln oder sie zum Orgasmus zu bringen, ohne selbst den Wunsch zu haben, sexuell erregt zu werden.

Wie lange wird es dauern, bis das Problem überwunden ist?

Das hängt natürlich von vielen Faktoren ab. Die wichtigsten Regeln lauten:

1. Machen Sie alle Übungen ohne Eile!
2. Entwickeln Sie das für Sie bequemste Tempo!
3. Wenden Sie sich *nicht* der nächsten Übung zu, bevor Sie die gerade praktizierte nicht *sorgfältig beendet* haben!

Unter guten Umständen, wenn alles mehr oder weniger planmäßig verläuft, wird es höchstwahrscheinlich wenigstens drei Monate dauern, bis Sie die Übungen beherrschen. Je nachdem, wieviel Zeit Ihnen dafür zur Verfügung steht, kann es natürlich auch länger dauern. Sie können Ihr Problem nicht dazu zwingen, daß es verschwindet, Sie können ihm nur *erlauben*, sich aufzulösen! Es empfiehlt sich, lieber länger und ausdauernd daran zu arbeiten, als alles zu überstürzen, so daß unter Umständen der Erfolg ausbleibt!

Nachdem Ihre Erektionsfähigkeit wiederhergestellt ist und Sie normalen Geschlechtsverkehr haben können, wird es noch *viele zusätzliche Monate* dauern, bevor Sie wieder Vertrauen in Ihre Erektionsfähigkeit haben und nicht mehr gelegentlich daran denken werden, ob Sie entsprechend erigieren werden oder nicht!

Was bedeutet offene und ehrliche Kommunikation mit der Partnerin?

Eine wirklich teilnahmsvolle und kooperative Partnerin kann *von größtem Nutzen* für Sie sein, Ihr Problem zu überwinden! Sie muß, wenn Sie Ihnen helfen will, vor allem so viel wie möglich über Ihr Problem verstehen lernen, und *besonders,* wie Sie sich dabei fühlen! Lassen Sie sie wissen, was Sie als impotenter Mann empfinden, selbst wenn es sich überdramatisch anhört! Sie werden spüren, wie gut es ist, ihr Gefühle wie Angst, Scham, Schuld, Zorn usw. anvertrauen zu können, und wie der psychologische Druck dadurch langsam nachläßt, nicht nur auf Sie, sondern auch auf Ihren Penis!

Wie Sie den größten Nutzen aus den praktischen Übungen ziehen

Die Auswahl an Übungen ist ziemlich groß. Als allgemeine Regel gilt, es ist effektiver, lieber wenig regelmäßig zu tun als zuviel nur gelegentlich. Richten Sie sich terminlich so ein, daß die *Übungszeit* im Durchschnitt 30 bis 60 Minuten jeden Tag beträgt. Mit Übungszeit meine ich auch die Zeit des Tages, in der Sie munter und fit sind, sich voll konzentrieren können und sich überhaupt wohl fühlen. Im großen und ganzen ist es Zeitverschwendung, wenn Sie sich zwingen, die Übungen zu machen, weil Sie z. B. in Eile sind, nervös, müde usw. Um den für Sie optimalen Zeitpunkt herauszufinden, ist es vielleicht nötig, daß Sie Ihre Gewohnheiten und Prioritäten überprüfen, und daß Sie mit größter Wahrscheinlichkeit *einige weniger wichtige Aktivitäten und Aufgaben rücksichtslos streichen müssen!* Wenn Sie jedoch *wirklich Erfolg haben* wollen, werden Sie genug Zeit dafür aufbringen, egal *welche Schwierigkeiten es zu überwinden* gilt, um das zu erreichen! Alle Übungen müssen *exakt* ausgeführt werden, wie sie beschrieben sind, und das sehr *sorgfältig!*

Wie sieht die korrekte geistige Einstellung in bezug auf die Sexualpraktiken aus?

Es heißt nicht umsonst Liebesspiel, also jemandem, den man liebt, Vergnügen zu bereiten und ebensolches zu empfangen, sowohl physisch als auch psychisch. Dazu sind *kein erigierter Penis und kein Geschlechtsverkehr* in irgendeiner Weise *nötig*, und es muß auch *nicht unbedingt zu einem Orgasmus führen!*

So definiert, kann das Liebesspiel *niemals* mißlingen! Was auch passiert, es kann nur Spaß machen!

Diese Einstellung ist die wichtigste Bedingung, um Ihr Erektionsproblem zu überwinden! Eine Vielzahl wirksamer Methoden, mit denen Sie falsche Einstellungen in wünschenswerte umwandeln können, werden im Anhang 1 beschrieben.

Wie üben Sie keinen Druck auf Ihren Penis aus?

Treffen Sie die feste Vereinbarung mit sich selbst und mit Ihrer Partnerin, *daß Sie unter keinen Umständen beim*

Liebesspiel versuchen, in die Vagina einzudringen, solange Sie nicht vollständig und sorgfältig das ganze Übungsprogramm gemacht haben! Das heißt natürlich auf keinen Fall, daß Sie sich nicht sexuell lieben können! *Sie können das tun, wann immer Sie es wollen!* Falls Sie es jedoch tun, und selbst wenn Sie eine perfekte Erektion bekommen sollten, vermeiden Sie unbedingt die vaginale Penetration! Wenden Sie andere Stimulationsmethoden an, um sich gegenseitig zum Orgasmus zu bringen, sofern das einer von Ihnen oder Sie beide wünschen.

Es ist zu Ihrem großen *Schaden*, sollten Sie diese Regel *ignorieren!* Sie soll nämlich allen Druck, den der Geschlechtsverkehr mit sich bringt, von Ihnen nehmen, so daß Sie sich sexuell entspannen können, ohne die furchtbare Aussicht auf eventuelles ›Versagen‹ (also den Gedanken, keine adäquate Erektion zu bekommen, um in die Vagina eindringen zu können) im Kopf zu haben, was Ihnen auch die intellektuelle Freude raubt und Ihr Problem der Impotenz noch verschlimmern würde. Wenn das vaginale Eindringen keine Voraussetzung mehr ist, so ist es auch völlig *irrelevant* für Sie, *ob Sie erigieren oder nicht,* denn die einzige Funktion einer Erektion besteht darin, dieses Eindringen zu ermöglichen.

Sie wissen hoffentlich, daß Sie keine Erektion benötigen, um durch Stimulation zum Orgasmus gelangen zu können.

Solange nicht Drogen oder eine physische Erkrankung Ihre Ejakulationsfähigkeit mindern, können Sie den Höhepunkt erreichen und ohne Erektion ejakulieren. Sollten Sie damit irgendwelche Schwierigkeiten haben, so halten Sie sich an die detaillierten Vorschläge im nächsten Kapitel.

Wie erreichen Sie eine adäquate Stimulation?

Es gibt nur eine einzige Möglichkeit, *körperlich* richtig stimuliert zu werden, und das ist die exakte Unterweisung Ihrer Partnerin, so daß sie weiß, wie sie Ihren Genitalbereich berühren muß. Selbst wenn sie Sie sehr gut kennt, so variiert dieses Bedürfnis bei Ihnen der Situation entsprechend, und sie kann schließlich nicht Ihre Gedanken lesen! Denken Sie daran, daß nur *Sie selbst* dafür verantwortlich sind, die Art von Stimulation zu bekommen, die Sie sich wünschen oder brauchen – wo Sie wollen, und solange Sie wollen.

Die entsprechende *geistige* Stimulation erhalten Sie nur, wenn die Bedingungen, sexuell empfänglich zu sein, auf Sie zutreffen – wie im 6. Kapitel erläutert. Ihre geistige Stimulation während des Liebesspiels zu steigern vermag der Gedanke an eine Phantasie, die Sie erregt. Wie Sie den größten Nutzen aus dieser Methode ziehen, erfahren Sie detailliert in Anhang 7.

Warum sollen Sie sich auf die Stimulation während des sexuellen Kontakts konzentrieren?

Der Trick, die größtmögliche Erregung und sexuelle Lustgefühle aus einer adäquaten körperlichen Stimulation zu ziehen, liegt an Ihrer Fähigkeit, sich auf die *Sinneseindrücke* konzentrieren zu können, ob diese nun von der Berührung Ihrer Partnerin ausgehen, oder indem Sie sie berühren.

Diese Übung erfordert Praxis, und in Anhang 4 wird Ihnen beigebracht, wie Sie das beherrschen lernen.

Wichtige Hinweise, bevor Sie Ihr Erektionsproblem direkt in Angriff nehmen

Ich nehme an, daß Sie jetzt geklärt haben, ob ein physischer oder chemischer Faktor sich irgendwie negativ auf Ihre Potenz auswirkt oder ob Sie eventuell unter Depressionen leiden, und daß Sie gegebenenfalls etwas dagegen unternommen haben. Diese Einflüsse und die anderen, die am Ende des letzten Kapitels zusammengefaßt wurden, *müssen* behandelt worden sein, *bevor* Sie beginnen, direkt an Ihrem Problem zu arbeiten!

Denken Sie besonders daran, falls Probleme in Ihrer Beziehung Ihre Fähigkeit beeinträchtigen, offen mit Ihrer Partnerin kommunizieren oder freudig und nahe mit ihr zusammensein zu können, daß diese überwunden sein *müssen, bevor* Sie direkt Ihr Erektionsproblem in Angriff nehmen – sehen Sie dazu das 10. Kapitel.

Haben Sie eine Partnerin, so sollte geklärt sein, daß Sie mit ihr sorgfältig über Ihr Problem gesprochen haben und daß Sie genau weiß, wie Sie sich dabei fühlen. Berücksichtigen Sie dabei, die überwältigende Mehrheit der Frauen, die sich in irgendeiner Weise Sorgen um Sie macht, wird unterstützend, verständnisvoll und hilfreich reagieren. Erklären Sie, wie ungeheuer wichtig es ist, daß Sie keinen Druck auf Ihren Penis ausüben dürfen. Wie man das erreichen kann, wurde vorab in diesem Kapitel schon beschrieben. Beschließen Sie gemeinsam mit Ihrer Partnerin, sich unter gar *keinen Umständen* auf eine vaginale Penetration während des Liebesspiels einzulassen, bevor Sie nicht vollständig das gesamte Übungsprogramm absolviert haben. Betonen Sie die *positiven* Aspekte des sexuellen Kontakts ohne den so viel Druck auslösenden Vollzug des

Geschlechtsverkehrs! Es wird sie außerdem beide dazu veranlassen, ihre anderen Liebestechniken zu verbessern, und sie vielleicht beide inspirieren, neue, eventuell erfreulichere oder lustvollere Arten der Stimulation auszuprobieren. Vergewissern Sie sich als nächstes noch einmal, daß Sie auch wirklich *mit äußerster Sorgfalt* das 5. und 6. Kapitel gelesen und verstanden haben – *das ist absolut notwendig, bevor Sie weiter fortfahren!* Wenn Sie das getan haben und dennoch nicht *wirklich* voll Überzeugung der Einstellung zustimmen können, daß das Liebesspiel auch ohne Erektion ausgesprochen großartig sein kann, was können Sie dann tun? Machen Sie sofort die Übungen, die in Anhang 1 beschrieben werden, damit sich das ändert. Seien Sie absolut sicher, daß Sie diese Einstellung auch wirklich erlangen, *bevor* Sie fortfahren!

Legen Sie jetzt den Zeitpunkt fest und schreiben Sie ihn auf, wann Sie ungefähr jeden Tag Ihre Übungen machen wollen. Denken Sie daran, daß Sie einige Zeit brauchen werden und daß Sie sich diese Zeit auch nehmen müssen, wenn Sie Erfolg haben wollen, egal welche praktischen Schwierigkeiten auftreten sollten!

Wählen Sie sich als nächstes eine dieser einleitenden Einzelübungen aus der nachfolgenden Liste aus, die Ihnen entweder wesentlich erscheint oder auf Ihre besondere Situation am ehesten zutrifft. Wenn Sie Zweifel haben, ob Sie die eine oder andere Übung nötig haben, so *machen Sie alle in Frage kommenden!* Gehen Sie lieber auf Nummer Sicher, und nutzen Sie alles, was sich Ihnen bietet! Als allgemeine Regel gilt, *erst wenn* Sie diese *individuellen* Übungen gänzlich *beherrschen,* beginnen Sie mit den *Partnerübungen*. Die praktischen Details dieser zahlreichen Vorgehensweisen werden im Anhang beschrieben.

1. Den Gedankenfluß stoppen
   Wenn Sie dazu neigen, beim Sex an ganz andere Dinge zu denken, sich besonders darüber Gedanken zu machen, ob alles richtig ist, dann lernen Sie diese Übung und Sie werden das Problem los sein.
2. Sensibilitätstraining
   Diese Übungen sollten Sie immer machen.
3. Entspannungsübungen
   Fühlen Sie sich beim Sex oder in dessen Erwartung besorgt oder angespannt, sollten Sie sich bewußt zu entspannen lernen, so daß Sie eine Möglichkeit haben, diese destruktiven Angst- und Spannungszustände abzubauen. Empfinden Sie das Leben allgemein als zu streßvoll, so helfen Ihnen Entspannungsübungen, die schädlichen Einflüsse von Streß zu mildern.
4. Beckenmuskelübung
   Diese Übung müssen Sie unbedingt machen.
5. Phantasietraining
   Das sollten Sie immer tun.
6. Desensibilisierungen
   Obwohl Sie gelernt haben, Ihren Gedankenfluß zu stoppen und sich zu entspannen, sind Sie immer noch *irgendwie* nervös oder ängstlich gestimmt der sexuellen Situation gegenüber oder in ihrer Erwartung. Dann sollten Sie sich für diese Übung entscheiden.
7. Autosuggestion
   Sie ist gedacht, sinnlose sexuelle Einstellungen, die auf Mythen basieren, zu verändern. Probieren Sie sie aus, wenn Sie meinen, immer noch davon beeinflußt zu sein!

8. Individuelle Erektionsübungen
   Diese Übungen sind in jedem Fall absolut notwendig, *sie sollten jedoch erst dann gemacht werden, wenn Sie die anderen individuellen Übungen sorgfältig beherrschen.*

Partnerübungen

Machen Sie diese Übungen bitte unbedingt erst, nachdem Sie alle relevanten individuellen Übungen gemacht haben und diese *vollständig beherrschen!*

Es sind drei Partnerübungen, die alle *sehr wichtig* sind!

1. Sexuelle Kommunikationsübung
   Machen Sie sie wie in Anhang 11 beschrieben jeden Tag.
2. Gemeinsame Sensibilisierungsübung
   Hiermit können Sie sofort nach Beendigung der individuellen Übungen beginnen. Sie brauchen *nicht* zu warten, bis Sie die sexuelle Kommunikationsübung gemacht haben! Allerdings müssen Sie den ersten Schritt immer *sorgfältig* durchgearbeitet haben, bevor Sie mit dem zweiten beginnen.
3. Gemeinsame Erektionsübungen
   Diese Übungen dürfen *erst* gemacht werden, *nachdem* beide Teile der Sensibilisierungsübung praktiziert und ihre Ziele vollständig erreicht worden sind!

Denken Sie daran, alle Übungen nicht in Eile, sondern in Ruhe auszuführen!

Es ist ganz offensichtlich, daß Sie ohne Partnerin die Partnerübungen nicht machen können. Obwohl deren Fehlen alles etwas erschwert, *heißt das noch lange nicht, daß Sie Ihr Problem nicht überwinden können!* In diesem Fall konzentrieren Sie sich ganz auf die individuellen Übungen, und *lernen Sie diese perfekt zu meistern!* Denken Sie bitte auch in Ruhe darüber nach, ob Sie sich nicht vielleicht eine neue Partnerin suchen – siehe dazu das 12. Kapitel und Anhang 16.

Wenn Sie eine ständige Partnerin haben, die sich weigert, an der Behandlung Ihres Problems kooperativ mitzuarbeiten, so haben Sie ein Beziehungsproblem, oder Ihre Partnerin hat selbst sexuelle Schwierigkeiten. In diesem Fall ist es ratsam, einen Therapeuten aufzusuchen.

Womit Sie beginnen sollen

1. Studieren Sie den schematischen Überblick über das fortlaufende Selbsthilfeprogramm, der auf den nächsten Seiten abgebildet ist. Vergewissern Sie sich, daß Sie alles richtig verstanden haben, was Sie bisher getan haben und was Sie noch zu tun haben.
2. Lesen Sie *dann* das 12. Kapitel.
3. Beginnen Sie *dann* mit Ihren individuellen Übungen und lernen Sie, diese zu meistern.
4. *Jetzt* sollten Sie eine Partnerin haben, um mit ihr die Partnerübungen machen zu können.

Schematischer Überblick über das in diesem Buch beschriebene fortlaufende Selbsthilfeprogramm

Machen Sie sich jeden Tag Notizen!

Lesen Sie Kapitel 1 → 2 → 3 → 4

Lesen Sie Kapitel 5 → Übungen gegen Sexualmythen → Lesen Sie die Liste der Antimytheneinstellung jeden Tag

Lesen Sie Kapitel 6 → Übungen, um Ihre Voraussetzungen auszuarbeiten → Lesen Sie die Liste Ihrer Voraussetzungen jeden Tag

→ Übungen, Ihre sexuellen Rechte durchzusetzen (falls notwendig)

Lesen Sie Kapitel 7 → 8 → 9

Lesen Sie Kapitel 10 → Hören Sie auf zu rauchen

→ Überprüfen Sie:

- Drogen
- Chemikalien
- Alkohol
- Koffein
- physische Erkrankungen
- Genitalstruktur der Partnerin
- Depressionen
- Streß/Angstzustände
- Angst der sexuellen Situation gegenüber
- Sinnlose Emotionen
- Aktiver Versuch, zu erigieren
- Beziehungshintergründe

Versuchen Sie hier angemessene Abhilfe zu schaffen, bevor Sie Ihre Impotenz direkt in Angriff nehmen

DANN:

Lesen Sie Kapitel 11 → Diskutieren Sie das Problem sorgfältig mit Ihrer Partnerin (wenn das nicht schon früher geschehen ist)

↓

Einigen Sie sich darauf, beim Liebesspiel keinen Druck auf den Penis auszuüben

↓

Bemühen Sie sich, die wichtigste sexuelle Einstellung zu verinnerlichen
WENN SIE NICHT ÜBERZEUGT SIND, MACHEN SIE DIE ÜBUNGEN AUS ANHANG 1 SOFORT!

↓

Richten Sie Ihren Terminkalender so ein, daß Sie die Übungen jeden Tag machen können

↓

Wählen Sie unter den Einzelübungen

DANN:

Lesen Sie Kapitel 12

DANN:

1. Machen Sie die vorgeschriebenen Übungen aus dem Anhang

↓

Wenn Sie sie vollkommen beherrschen → Praktizieren Sie individuelle Erektionsübungen, Schritt 4, wenigstens 2× wöchentlich, bis Sie die Partnerübungen beginnen.

↓

2. Machen Sie die Partnerübungen, sollten Sie eine kooperative Partnerin haben

↓

Gemeinsame Sensibilisierungsübungen, Schritt 1 + sexuelle Kommunikationsübungen

↓

Gemeinsame Sensibilisierungsübungen, Schritt 2 + sexuelle Kommunikationsübungen

↓

Gemeinsame Erektionsübungen + sexuelle Kommunikationsübungen

RESULTAT:

1. ERFOLGREICHE BEHANDLUNG → Wiederaufnahme des Geschlechtsverkehrs beim Akt, aber spezielle Nachbehandlungs-Hinweise (Anhang 14)

   Falls keine Partnerin vorhanden, zusätzliche Hinweise in Kapitel 12 und Anhang 10 und 16 beachten.

2. ERFOLGLOSE BEHANDLUNG → Medizinische Untersuchung und notwendige Behandlung

   ↓

   Aufnahme einer Sexualtherapie

   - falls erfolgreich → Wiederaufnahme von Geschlechtsverkehr, mit Nachbehandlungs-Hinweise, Kein-Partner-Hinweise
   - falls erfolglos → unbewußte Einstellung überprüfen

     ↓

     was für Alternativen gibt es? (12. Kapitel)

     ↓

     sich für eine davon entscheiden

12. Kapitel

Allerlei Wissenswertes

Die Rolle des Facharztes bei der Behandlung von Impotenz

Der Endokrinologe
Dieser Facharzt ist zuständig für die Erkrankungen von Drüsen mit innerer Sekretion – also für die Körperstrukturen, die Hormone produzieren. Der Endokrinologe diagnostiziert und behandelt hormonelle Störungen, hat jedoch keine psychologische Ausbildung, um allgemeine sexuelle Probleme zu beheben. Er verordnet hauptsächlich Medikamente, die die hormonellen Störungen beseitigen.

Der Neurologe
Dieser Arzt ist spezialisiert auf die Erkrankungen des Gehirns, des Rückenmarks, der Nerven und Muskeln. Der Neurologe ist besonders für die Diagnose und Behandlung dieser Probleme ausgebildet, nicht jedoch für die Behebung sexueller Störungen. Die Therapie einer neurologischen Erkrankung erfolgt meistens durch die Verabreichung von Medikamenten oder, in einigen Fällen, durch operative Eingriffe.

Der Psychiater
Dieser Facharzt ist zuständig für die psychologischen Aspekte der Medizin. Er kann unter Umständen eine Spezialausbildung oder besondere Erfahrungen haben, was die Behandlung von sexuellen Problemen betrifft. Wendet man sich an einen Psychiater mit entsprechender Ausbildung, so wird er sich hauptsächlich den psychologischen Faktoren, die zu den sexuellen Schwierigkeiten beitragen oder diese ausgelöst haben, widmen. Psychiater behandeln auch Paare mit Ehe- oder Beziehungsproblemen. Bevor Sie einen Psychiater wegen Ihrer Impotenz konsultieren, fragen Sie Ihren Hausarzt oder die Sekretärin des Psychiaters, ob dieser auch wirklich für die Behandlung sexueller Störungen ausgebildet ist.

Der Psychologe
Dieser Fachmann ist medizinisch nicht qualifiziert und hat daher keine Ausbildung in bezug auf die physischen Erkrankungen oder chemischen Wirkstoffe, die zu Ihrem Erektionsproblem beitragen können. Psychologen, die in Kliniken arbeiten, können – ähnlich wie Psychiater – über spezielle Erfahrungen verfügen, um die psychologischen Ursachen, die sich entscheidend auf die Impotenz auswirken, herauszufinden. Bevor Sie sich an einen Psychologen wenden, informieren Sie sich, ob er auch wirklich für die Behandlung von sexuellen Problemen ausgebildet ist und entsprechende Erfahrungen hat.

Der Sexualtherapeut
Er ist, wie der Name schon sagt, spezialisiert auf die Behandlung sexueller Probleme. Er kann medizinisch ausgebildet sein – einige sind in Kliniken geschulte Psycholo-

gen. Medizinisch qualifizierte Sexualtherapeuten kommen aus unterschiedlichen Fachrichtungen – einige sind Allgemeinmediziner, andere Psychiater, einige Gynäkologen usw. Ihre Kenntnisse und Erfahrungen, was den sexuellen Bereich betrifft, sind ausschlaggebender als ihr ursprüngliches Fachgebiet.

Der Urologe

Dieser Spezialist ist Chirurg und für die Erkrankungen der männlichen Genitalien sowie des Urinsystems – Nieren und Blase – beider Geschlechter zuständig. Der Urologe ist spezialisiert auf die Diagnose und Behandlung diesbezüglicher Krankheiten. Nur einige von ihnen setzen keine Hormone oder chirurgische Eingriffe als Behandlungsmethode ein, sondern versuchen alternative Methoden.

Der Gefäßchirurg

Dieser Facharzt ist spezialisiert auf die Diagnose und Behandlung von Erkrankungen der Blutgefäße, sowohl der Arterien als auch der Venen. Er hat besondere Kenntnisse, herauszufinden, inwiefern die Gefäße erkrankt sind und somit zur Impotenz beitragen. Er kann auch ausgebildet sein, gewisse Blutflußprobleme chirurgisch zu korrigieren. Allerdings sind Gefäßchirurgen nicht speziell für die Behandlung sexueller Probleme geschult.

Einige spezielle Untersuchungen, um die Ursachen der Impotenz herauszufinden

Aufzeichnung nächtlicher Penisanschwellungen (NPA-Test)

Ungewöhnliche penile Erektionen während des Schlafs (siehe 3. Kapitel) können Aufschluß über eventuelle physische Erkrankungen, die zum Erektionsproblem beitragen können, geben. Die Untersuchungen werden auf sehr unterschiedliche Art und Weise durchgeführt und entsprechend positiv oder negativ sind dann auch die Ergebnisse. Sie geben keine Auskunft über die präzise Beschaffenheit der physischen Krankheit, die die Impotenz verursachen kann. Es treten manchmal beträchtliche technische Schwierigkeiten auf, den Test richtig zu interpretieren, und absolut zuverlässig soll er auch nicht sein. Im besten Falle ist er eine Bildschirmaufzeichnung über einige physische Ungewöhnlichkeiten.

Penile Arterienblutflußuntersuchungen
Durch die Erkenntnis, daß anomaler Blutfluß in den Penis bei impotenten Männern sehr häufig ist, ist diese Untersuchung immer wichtiger geworden. Es gibt verschiedene Wege, sie durchzuführen, einige sind präziser als andere. Weist das Testergebnis auf Abnormitäten hin, so enthält es jedoch keine Informationen, wo die Blockade des Blutflusses stattfindet – ob im Magen, Becken, in den Arterien des Penis, oder in einigen oder allen dieser Stellen. Der Test gibt auch keinen Aufschluß über die Beschaffenheit der sehr kleinen Penisarterien, so daß ein normales Testergebnis *nichts* über eine Blockade in diesen sehr winzigen Arterien aussagt, die jedoch tatsächlich recht häufig vorkommt.

Arteriographie
Dies ist eine spezielle Röntgentechnik, mit deren Hilfe z. B. Blockaden in den Arterien und normale Verbindungen zwischen Arterien und Venen festgestellt werden. Ein Kontrastmittel, das man auf dem Röntgenschirm sehen

kann, wird in eine große Arterie injiziert, so daß man den Blutfluß durch die Verästelungen dieser Arterie genau verfolgen kann. Eine allgemeine oder Wirbelsäulenbetäubung ist notwendig, um eine Arteriographie des Blutvorrats im Penis zu erstellen.

Kavernographie

Diese ebenfalls spezielle Röntgentechnik zeigt den Blutfluß durch den Corpus cavernosum des Penis und seinen Abfluß durch die Venen. Hier wird ähnlich wie bei der Arteriographie verfahren, nur daß das Kontrastmittel direkt in den Penis injiziert und bloß lokal betäubt wird.

Die Rolle von Medikamenten für die Behandlung der Impotenz

Testosterone (Hormon der männlichen Keimdrüsen)

Viele impotente Männer bekommen, wenn Sie einen Arzt aufsuchen, Testosterone verabreicht, entweder in Tablettenform oder injiziert. Solange Sie nicht wirklich unter einem männlichen Hormonmangel leiden (ein Bluttest ist erforderlich), ist diese Behandlungsmethode ziemlich fragwürdig. Denn ich habe aufgrund meiner Erfahrungen beobachten können, daß es durch diese Hormongabe einigen Männern besser ging, obwohl sie unter gar *keinem* Testosteronmangel litten, die *meisten* Männer verspürten jedoch *keine Wirkung!* Wenn diese Behandlung hilft, obwohl gar kein Hormonmangel vorliegt, so liegt das an ihrem starken ›Placebo‹-Effekt – eine rein psychologische Wirkung, die auf der Hoffnung und Erwartung basiert, daß das ›Heilmittel‹ (häufig nur ein Scheinmedikament) wirklich hilft! Einige Männer, die kein Testosteron brauchen, sind der Meinung, daß diese Hormongabe ihr sexuelles Verlangen erheblich (wenn auch nur zeitweise) steigere. Vielleicht ist diese sexuelle Erregung so stark, daß ihnen das hilft, die Angstgefühle in bezug auf den Geschlechtsverkehr zu überwinden, die früher ihre Erektionsfähigkeit blockiert haben. Einige solcher sexuell erreichten Erfahrungen können vielleicht das Vertrauen eines Mannes wiederherstellen, daß keine weitere Testosteronbehandlung oder irgendeine andere mehr nötig ist. Es muß jedoch ausdrücklich betont werden, daß eine positive Wirkung auf Testosterone, die der Körper wirklich *nicht* benötigt, ungewöhnlich ist – meist hat das Medikament überhaupt keine brauchbare Wirkung!

Manchmal *verschlimmert* unnötig verabreichtes Testosteron sogar den Zustand des impotenten Mannes, indem es sein sexuelles Begehren künstlich steigert, so daß er noch frustrierter wird über seine Unfähigkeit, entsprechend zu erigieren!

Falls ein Arzt Ihnen Testosteron zur Behandlung Ihrer Impotenz verschreiben will, schlage ich Ihnen vor, das abzulehnen, solange ein Bluttest nicht die Notwendigkeit bewiesen hat. Liegt ein Hormonmangel vor, sollten dennoch weitere Untersuchungen vorgenommen werden, um die Ursache Ihres Problems herauszufinden, bevor die diagnostische Situation durch die Verabreichung von männlichen Hormonen durcheinandergerät.

Synthetische Testosteron-ähnliche Medikamente

Hier gilt die gleiche Argumentation wie oben. Im allgemeinen ist ihre Wirkung nicht so befriedigend und empfehlenswert wie die von Testosteron, sollten Sie wirklich männliche Hormone nötig haben.

Andere Hormonbehandlungen
Stellt sich heraus, daß Ihre Impotenz durch einen Mangel an anderen Hormonen ausgelöst wird, so ist eine spezielle Behandlung mit entsprechenden Medikamenten sicherlich angebracht. Andererseits können diese Behandlungsmethoden keine positiven Wirkungen auf Ihre Potenz haben, wenn Sie nicht an der Krankheit leiden, für die diese Hormonbehandlung verabreicht wird.

Medikamente, die die Blutgefäße erweitern
Sollte der Blutfluß in Ihren Penis blockiert sein und dadurch zu Ihrer Impotenz beitragen, so ist es vielleicht einen Versuch wert, blutgefäßerweiternde Medikamente auszuprobieren. Sie sind jedoch *äußerst selten* wirklich wirksam, um Ihre Potenzfähigkeit zu verbessern.

Tranquilizer
Das sind Medikamente wie z. B. Valium. Sie wirken beruhigend und können *gelegentlich* Angstzustände, die sich auf die Potenz auswirken, mildern. *Normalerweise helfen sie allerdings überhaupt nicht gegen Impotenz!*

Antidepressiva
Sie können hilfreich sein, das Erektionsproblem zu lösen, sofern es auf Depressionen zurückzuführen ist.

Andere Medikamente gegen Impotenz
Die menschliche Erfindungsgabe hat auf die Verzweiflung impotenter Männer über die Jahrhunderte hin mit der Entwicklung aller möglichen Arten von chemischen Präparaten reagiert. Keines davon ist jedoch wirklich hilfreich, und einige sind sogar ausgesprochen gefährlich,

wie z. B. die Spanische Fliege. Aufgrund des Placeboeffekts, der rein psychologischen Wirkung, kann dieses Präparat einigen Männern tatsächlich helfen, aber immer nur vorübergehend. Man würde das gleiche erreichen, gäbe man diesen Männern eine Tablette, die nur Zucker enthält, vorausgesetzt, sie glauben ganz fest daran, daß es ihnen hilft!

Mit dem Fortschreiten der medizinischen Wissenschaft kann es irgendwann durchaus möglich sein, daß ein Präparat entwickelt wird, das zumindest bei einigen impotenten Männern potenzsteigernd wirkt. Bis zu diesem glücklichen Tag schmeißen Sie Ihr Geld nicht für unnötige Medikamente aus dem Fenster!

Chirurgische Behandlung der Impotenz

Obwohl Impotenz größtenteils das Ergebnis von Blutflußproblemen in bzw. aus dem Penis ist, kann in einigen Fällen die Potenz durch eine chirurgische Gefäßveränderung wiederhergestellt werden. Ein Gefäßchirurg ist für diese Operationen zuständig und kann Sie über alle Möglichkeiten diesbezüglich beraten.

Erweist sich die Impotenz – ob nun aus psychologischen Ursachen oder aufgrund eines physischen Problems – trotz einer speziell durchgeführten Behandlung als unheilbar, dann hat ein Mann zwei Möglichkeiten. Er akzeptiert seine Schwierigkeit und stellt sich darauf ein, künftig Sex zu haben ohne Aussicht auf Geschlechtsverkehr mit erigiertem Penis. Oder er entscheidet sich für die Einpflanzung einer Prothese.

Grundsätzlich gibt es zwei Arten von Prothesen: aufblasbare und verbiegbare Prothesen. Bei ersterer werden aufpumpbare Zylinder aus unschädlichem Material operativ in jeden der beiden Schwellkörper eingepflanzt. Sie sind miteinander durch feine Schläuche verbunden, die einerseits zu einem Flüssigkeitsreservoir führen, das an einer inneren Wand im Bauch befestigt ist, und andererseits zu einer Pumpe im Hodensack. Ist eine Erektion erwünscht, so pumpt der Mann soviel Flüssigkeit in die Druckzylinder, bis er den erforderlichen Grad einer Erektion erreicht hat. Wenn er keine Erektion mehr braucht, entleert er den Penis, indem er die Pumpe in seinem Hodensack benutzt. Diese Vorrichtung ist auf Abbildung 5 zu sehen.

Derartige Prothesen arbeiten gut, aber sie sind extrem teuer und haben einige technische Nachteile. Manchmal sind z. B. die Verbindungsschläuche blockiert, und eine weitere Operation ist erforderlich, um das zu reparieren. Wie bei jeder großen Operation können auch hier Komplikationen auftreten, wie beispielsweise eine Infektion oder das Risiko bei der Narkose.

Der zweite Prothesentyp besteht aus zwei biegsamen Stäben (Abbildung 6), die in jeden der beiden Schwellkörper operativ eingepflanzt werden. Diese Stäbe füllen zum größten Teil den Raum im Innern der Schwellkörper aus, so daß der Mann immer einen erigierten, für die Penetration bereiten Penis hat.

Der Penis ist fest, aber nicht hart, und er bleibt in die Position gerichtet, in der man ihn haben will. Er wird auch im erigierten Zustand von etwas kleinerer Größe und auch insgesamt nicht mehr so dick sein wie früher, da es nicht bequem ist, Stäbe zu verwenden, die die Schwellkörper vollständig ausfüllen. Die Operation, um diese Stäbe einzupflanzen, ist relativ einfach und gewiß nicht so kompliziert wie bei der aufblasbaren Prothese.

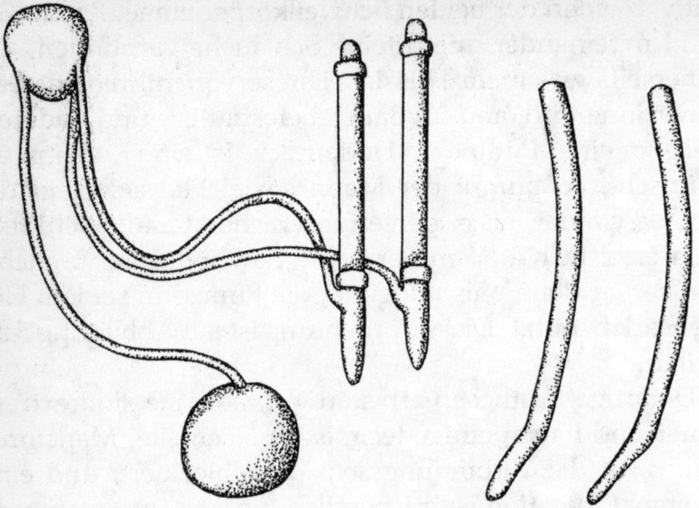

Abbildung 5 (Links) Eine aufblasbare Penisprothese
Abbildung 6 (Rechts) Eine halbsteife Prothese

Die Stäbe haben jedoch in gewissen Fällen technische Nachteile.

Jeder Mann, der eine operative Einpflanzung in Erwägung zieht, sollte sich über die folgenden Tatsachen im klaren sein:

1. Das Einsetzen einer Prothese zerstört *für immer* die Fähigkeit, eine natürliche Erektion zu bekommen, weil das Schwellgewebe durch die Operation vernichtet wird. Der Penis wird nicht über die eingepflanzte Größe hinaus erigieren können.
2. Alles, was Sie mit dieser Operation erreichen, ist die Fähigkeit, in Ihre Partnerin einzudringen! Ihr sexuelles

Interesse, das sexuelle Vergnügen, die Ejakulation und der Orgasmus *verändern sich nicht!*

3. Wenn Sie eine Partnerin haben, *muß* sie in die Entscheidung zu dieser Operation miteinbezogen werden. Bevor sie nicht *voller Zustimmung* für diesen Eingriff ist, nachdem er ihr sorgfältig erklärt wurde, lassen Sie die Operation *nicht* machen! Einige Frauen haben z. B. später wirklich kein Interesse mehr am sexuellen Kontakt, und empfinden – nach einer Periode ohne Sex – Geschlechtsverkehr als unangenehm! Die Operation hat dann nur dazu geführt, die Frustration und Unzufriedenheit beider Partner zu steigern, obwohl der Penis des Mannes gut aussehen mag im Umkleideraum des Golfclubs!
4. Wenn *beide* Partner *echtes* Interesse am Geschlechtsverkehr haben und finden, daß Ihr Liebesleben ohne ihn nicht so viel Spaß macht, so führt die chirurgische Einpflanzung einer Prothese zu exzellenten Ergebnissen.
5. Die Entscheidung, welcher Prothesentyp der beste für Sie ist, sollte ein Urologe treffen, der Erfahrungen im Implantieren beider Prothesenarten hat. Lassen Sie sich von ihm beraten!

Andere Behandlungsmethoden

Biofeedbacktherapie

Biofeedback nennt man die Methode, jemandem eine sofortige Information über den augenblicklichen Zustand eines Körperorgans oder einer Körperfunktion zu geben. Wenn Sie z. B. an eine Maschine angeschlossen werden, die jedesmal, wenn Ihr Herz schlägt, einen Piepton von sich gibt, so erhalten Sie damit ein Biofeedback über den Zustand Ihres Herzschlags. So ungewöhnlich es klingen mag, aber viele Menschen, die genügend motiviert waren, sich an die notwendige Praxis einer Biofeedback-Maschine zu gewöhnen, haben dadurch eine spontane Kontrolle über die jeweils betroffenen Körperfunktionen gewinnen können. Ebenso wie diese Menschen gelernt haben, ihren Herzrhythmus, den Blutdruck, die Hauttemperatur usw. spontan zu kontrollieren, indem komplizierte elektronische Apparate dazu benutzt werden, so können viele Männer auch lernen, die Größe ihres Penis spontan zu kontrollieren. Gelegentlich ist diese Methode hilfreich gegen Impotenz, vor allem wenn hauptsächlich psychologische Faktoren dafür verantwortlich sind. Leider verfügen nur wenige Therapeuten über die entsprechenden Apparate, da diese Methode nur selten angewandt wird.

Akupunktur

Ich hatte Patienten, die mir berichteten, daß sich ihre Erektionsfähigkeit nach einer Akupunkturbehandlung sehr verbessert habe, sie bei einigen sogar wieder ganz normal geworden sei. Ich bin mir nicht im klaren darüber, wieso es dazu kommt, aber vielleicht ist es – zumindest in einigen Fällen – eine Placeboreaktion, die dafür verantwortlich ist, daß die Hoffnung und Erwartung, diese besondere Behandlung möge helfen, psychologisch so wirksam ist, daß der Erfolg dann auch wirklich nicht ausgeblieben ist. Die meisten meiner Patienten, die Akupunktur gegen ihre Impotenz ausprobiert haben, waren ohne viel Erfolg. Es kann jedoch, abgesehen von der Enttäuschung, nicht schaden, solange Akupunktur kompetent angewandt wird.

Äußere Penisschienen
Es gibt zahlreiche Variationen. Eine davon wird um den Penis gelegt, wie die Schiene um ein gebrochenes Bein, und sorgt so für genügend Steifheit für die Penetration. Die meisten Männer berichten, daß sie weder besonders wirksam noch komfortabel sind. Ein anderer Typ besteht aus einem hohlen, steifen künstlichen Penis (Dildo), der komplett über Ihren nichterigierten Penis gestülpt wird. Es besteht keine Schwierigkeit, in Ihre Partnerin einzudringen, aber die notwendige Dicke dieses Geräts gibt Ihnen nicht das Gefühl, sich in einer Vagina zu befinden. Sie meinen eher, Geschlechtsverkehr mit einem Gerät zu betreiben, während dieses wiederum Geschlechtsverkehr mit Ihrer Partnerin hat! Einige Männer behaupten, daß die Erleichterung darüber, hart genug zu sein, um in die Partnerin eindringen zu können, sie tatsächlich beginnen läßt, beim Sex wieder normal zu erigieren. Die meisten Männer finden diese hohlen Geräte unbefriedigend, andere jedoch schwören darauf!

Hypnose
Hypnose ist im wesentlichen ein schlafähnlicher Zustand mit eingeengter Bewußtseinstätigkeit, in dem Sie einerseits zwar äußerst entspannt, andererseits aber geistig voll darauf konzentriert sind, was gesagt wird, und sehr empfänglich sind für entsprechende Vorschläge. Sie können sich selbst in Hypnose versetzen oder mit Hilfe eines Therapeuten. Die Hypnose kann auf viele verschiedene Arten eingesetzt werden, um impotenten Männern zu helfen, und welche Methode von einem geübten Therapeuten angewandt wird, ist immer *individuell* auf die speziellen Bedürfnisse des betreffenden Mannes zugeschnit-

ten. Hypnose ist lediglich eine von vielen psychologischen Behandlungsmethoden gegen Impotenz und wird oft in Verbindung mit anderen Methoden angewandt, selten nur allein.

Dinge, die es zu vermeiden gilt

Hiervon gibt es zwei Kategorien – diejenigen, die es zu vermeiden gilt, weil sie unnütz, aber harmlos sind, und diejenigen, die tatsächlich Schaden anrichten können.

Die meisten Medikamente, die man ohne Rezept erwerben kann, sind harmlos, aber auch unnütz. Nehmen Sie keine illegalen Drogen, und kaufen Sie nichts von der Straße. Sie wissen nie genau, was Sie da erwerben, und es gibt kein Mittel, das die Impotenz wirklich heilt! Außerdem verstoßen Sie gegen bestehende Gesetze und könnten sich Ärger einhandeln. Das gilt selbst für Marihuana, das in einigen Kreisen in dem unverdienten Ruf steht, die sexuellen Fähigkeiten enorm zu steigern, und darüber hinaus ebenso unverdientermaßen als harmlos und absolut ungefährlich angesehen wird! Denken Sie daran, was über den Placeboeffekt gesagt worden ist – falls Sie überzeugt davon sind, daß ein Mittel helfen wird, so kann das sehr gut eintreffen, aber nur wenn Ihr Problem psychologisch bedingt ist. Die Existenz eines bedeutsamen Placeboeffekts bei jeder Droge ist jedoch noch lange *keine* Berechtigung, diese auch zu nehmen!

Bei der Verwendung von Geräten oder Apparaten, die fest um den Penis geschnallt werden oder ihn einschnüren können, müssen Sie sehr aufpassen. Das kann gelegentlich ernsthafte Schäden verursachen. Alles, was den venösen Blutrückfluß aus dem Penis stört, kann dazu führen, daß sich Blutklumpen im Penis bilden, was nicht nur äußerst schmerzhaft ist, sondern *irreversible Schäden* auf den normalen Erektionsmechanismus zur Folge haben kann! Wenn Sie versucht sind, irgendeinen dieser Apparate auszuprobieren, konsultieren Sie bitte zuerst Ihren Arzt, um ihm den Apparat zu zeigen!

Spezielle Probleme für den impotenten Mann ohne Partnerin

Gewöhnlich ist es viel leichter, ein Impotenzproblem zu überwinden, wenn Sie eine kooperative Partnerin haben, mit der Sie alle relevanten Einflüsse gründlich diskutieren und gemeinsam einige hilfreiche Übungen machen können. Das soll natürlich nicht heißen, daß Sie selbstverständlich nicht allein sehr viel machen und erreichen können. Aber es ist kaum abzustreiten, daß letztendlich das Vertrauen in die Erektionsfähigkeit abhängig ist vom Bekommen und Behalten einer Erektion während des Liebesakts mit einer Partnerin. Es spielt auch keine Rolle, wie sehr Sie eventuell auf Ihre erektile Potenz vertrauen, weil Sie privat beim Masturbieren erigieren können, denn es kommt häufig vor, daß ganz hinten in Ihrem Bewußtsein Ungewißheit herrscht, ob Ihnen das auch mit einer Partnerin gelingen wird.

Für viele impotente Männer ist diese partnerlose Situation wie ein Teufelskreis: solange sie nicht eine liebevolle Partnerin gefunden haben, mit der sie eine positive sexuelle Beziehung aufbauen können, fällt es ihnen schwer, wirkliches sexuelles Vertrauen zu entwickeln. Wegen dieses mangelnden Vertrauens jedoch ist es wiederum sehr schwierig für sie, mit einer Partnerin nicht in eine für sie sexuell bedrohliche Situation zu geraten. Doch glücklicherweise gibt es eine ganze Anzahl von Lösungsmöglichkeiten aus diesem Dilemma.

Arbeiten Sie zunächst mit einer professionellen Ersatzpartnerin – einer trainierten Frau, die Männern dabei hilft, ihre sexuellen Schwierigkeiten zu überwinden. Die meisten wirklich guten professionellen Ersatzpartnerinnen arbeiten mit einem Sexualtherapeuten zusammen oder sind nur auf seine Empfehlung hin zu bekommen. Denken Sie bitte daran, daß diese Frauen in keiner Weise, weder äußerlich noch was ihre Kleidung betrifft, Prostituierte sind! Einige wenige Prostituierte finden zwar impotente Männer sympathisch und versuchen ihnen zu helfen, aber im allgemeinen verschlechtern sie das notwendige Training, das für den Erfolg so entscheidend ist.

Eine weitere Möglichkeit wäre der Aufbau einer Beziehung zu einer Frau, die Sie mögen, und sobald Sie sie besser kennen, können Sie mit ihr über Ihr Problem sprechen. Wenn Sie das tun, denken Sie bitte daran, ihr *das Problem positiv zu erläutern,* nicht entschuldigend oder schüchtern! Sie könnten z. B. sagen: »Ich möchte, daß du weißt, daß ich gewisse Probleme habe, eine Erektion zu bekommen und sie auch zu behalten. Doch ich bin davon überzeugt, daß ich dieses Problem in den Griff bekommen werde, wenn ich dich erst einmal besser kennengelernt und aufgehört habe, mir darüber Sorgen zu machen. Wie dem auch sei, ich weiß, daß es nicht notwendig ist, eine Erektion zu haben, wenn man sich lieben will – wir können uns auch ohne Geschlechtsverkehr gegenseitig voll befriedigen.« Eine neue Partnerin, die nicht sympathisch und hilfsbereit auf diese ehrliche Äußerung reagiert, wird wahrscheinlich auf lange Sicht gesehen sowieso nicht zu Ihnen passen, und Sie werden das früher oder später selbst herausfinden! Fällt die Reaktion unfreundlich aus, *geraten Sie nicht in Panik* und reden Sie sich nicht ein, *alle*

Frauen würden genauso reagieren – das ist einfach nicht wahr! Hören Sie nicht auf, weiter nach der richtigen Partnerin Ausschau zu halten!

Aufgrund meiner langjährigen Erfahrung mit impotenten Männern betone ich, daß die eben beschriebene ehrliche Aussprache mit einer neuen Partnerin besser ist als jede andere Alternative. Ihre Situation ist dadurch nie aussichtslos! Reagiert sie nicht positiv, so ist sie auf Dauer sowieso nicht die richtige Partnerin für Sie, und Sie werden das selbst ziemlich schnell herausfinden! Normalerweise wird sie Ihr Problem akzeptieren und versuchen, Ihnen zu helfen. Nachdem Sie es ihr erst einmal gesagt haben, werden Sie auch weniger Ängste haben, wenn es zum sexuellen Verkehr mit ihr kommen sollte. Ein weiterer Tip: Bitten Sie sie im voraus, daß sie beide sich zumindest für eine kurze Zeit bereiterklären, bei der Liebe auf den Geschlechtsverkehr zu verzichten, selbst wenn Sie eine normale Erektion haben und sich sehr wohl fühlen. Bitten Sie sie, auch dann nicht nachzugeben und unbedingt den Geschlechtsverkehr zu verweigern, wenn sie spürt, daß Sie, wenn auch nur einen winzigen Moment lang, geneigt sind, Ihre Meinung zu ändern und es zu versuchen! Nur so üben Sie keinen Druck auf Ihren Penis aus, und ob Sie nun erigieren oder auch nicht, ist ganz irrelevant, und Sie haben einfach viel weniger Angst. Außerdem lernen Sie Ihre neue Partnerin sexuell sehr gut kennen, haben selbst Ihren Spaß und können gegenseitig sexuelles Vertrauen aufbauen. Viele Männer, mit denen ich gearbeitet habe, berichteten mir, daß es ihnen einfach unmöglich war, mit ihrer neuen Partnerin darüber zu sprechen. Viele dieser Klienten haben ihre Verlegenheit und Besorgnis der offenen Aussprache gegenüber schließlich überwunden, indem Sie das, was Sie sagen wollten, auf einen Kassettenrecorder sprachen. Dann hörten Sie sich das Gesprochene an und wiederholten das Ganze, bis es sich passend anhörte, und fuhren so lange damit fort, bis Sie sich nicht mehr unbehaglich fühlten, als Sie es ihr sagten.

Haben Sie trotz dieser Übung dennoch Probleme, darüber zu sprechen, so bedienen Sie sich einer einfachen, harmlosen Lüge! Sollte es so scheinen, als komme es zum Sex mit Ihrer neuen Partnerin, dann sagen Sie ihr – so beiläufig wie möglich – folgendes: »Übrigens, ich habe mir vor kurzem bei einem Sturz den Penis verletzt, und auf ärztlichen Rat hin darf ich keinen Geschlechtsverkehr haben, solange es nicht abgeheilt ist. Aber das soll uns nicht hindern, uns zu lieben, und ich denke, es wird wunderbar sein.« Mit dieser Erklärung nehmen Sie der sexuellen Situation die furchtbare Besorgnis, ob Ihr Penis erigieren wird oder nicht. Sie haben so Ihren Spaß und sind in der Lage, Vertrauen zu entwickeln, indem Sie Ihrem Penis erlauben, so zu reagieren, wie er will.

Berücksichtigen Sie bitte auch, daß beinahe jeder Mensch, ob Mann oder Frau, beim ersten Mal mit einem neuen Partner immer etwas ängstlich ist – das ist völlig normal und praktisch unvermeidlich! Um die sexuelle Beziehung zu einer neuen Partnerin so angstfrei wie möglich zu gestalten, gebe ich einige zusätzliche Tips im Anhang 16.

Was tun, wenn nichts gegen Ihre Impotenz hilft?

Manchmal kann die erektile Impotenz, trotz der Hilfe von Experten und Ihren eigenen besten Bemühungen, aus vielerlei Gründen nicht überwunden werden. Sollte das passieren, so bedeutet das nicht das Ende der Welt, *außer* Sie fangen an, sich selbst zu bemitleiden und sich immer wieder einzureden, daß Sie niemals mehr glücklich, geliebt, oder sexuell voll befriedigt sein werden!

Sie werden vielleicht in Erwägung ziehen, sich operativ eine Prothese, wie wir es bereits erläutert haben, einpflanzen zu lassen. Das wird Sie zumindest in die Lage versetzen, Geschlechtsverkehr zu haben. Ich muß Sie allerdings wiederholt daran erinnern, daß Geschlechtsverkehr für ein befriedigendes Liebesspiel nicht unbedingt erforderlich ist, daß Frauen dazu neigen, weniger irritiert über eine ausbleibende Erektion zu sein, als wir Männer es sind, und daß Sie fast immer zu Ejakulation und Orgasmus stimuliert werden können, ohne eine Erektion haben zu müssen (siehe 3. Kapitel). Viele Paare, vor das Problem der unheilbaren Impotenz gestellt, arbeiten ein Konzept aus, das ihnen ein völlig befriedigendes Liebesleben ohne Geschlechtsverkehr ermöglicht, indem sie sich durch geschickte Handhabung gegenseitig zum Orgasmus bringen. Überraschenderweise berichten einige dieser Paare, daß ihr Liebesleben danach sehr viel aufregender und befriedigender geworden ist als zu der Zeit, als Geschlechtsverkehr noch möglich war! Das liegt daran, daß beide Seiten sehr viel mehr Wert auf Lustgefühl und erotische Stimulation legen. Sie haben bemerkt, daß in der Zeit, als Geschlechtsverkehr noch möglich war, sie sich hauptsächlich nur darauf konzentriert haben und sich kein Partner viel Gedanken oder Bemühungen machte um das, was sie fälschlicherweise nur als eine Vorbereitung auf das große Ereignis hielten!

Einige Paare, die keinen normalen Geschlechtsverkehr

praktizieren können, haben großes Vergnügen daran gefunden, den nicht erigierten Penis in die Vagina ›zu stopfen‹. Diese Technik, die manchmal etwas Übung braucht, bis man sie beherrscht, wird im Anhang 13 näher erläutert.

Angenommen, Sie bemühen sich immer noch, Ihr Potenzproblem zu lösen, indem Sie vielleicht hoffen, ein neuer Therapeut könnte Ihnen helfen, die erektile Potenz wieder herzustellen, dann akzeptieren Sie die Impotenz einfach *nicht* als Tatsache Ihres Lebens und können daher unmöglich lernen, Ihre sexuelle Beziehung trotzdem so gut wie möglich zu gestalten. Mit anderen Worten, solange Ihr Ziel die Heilung ist, kann keine Annahme und Auseinandersetzung stattfinden! Viele Männer mit irreversibler Impotenz erzählten mir, daß in dem Augenblick, als sie sich entschlossen hatten, endgültig den Gedanken auf eine Heilung aufzugeben, und sie sich zum ersten Mal darauf konzentrierten, die Impotenz zu akzeptieren und das Beste daraus zu machen, sie sich gleich viel besser fühlten und wieder begannen, Spaß an ihrem Sexleben zu entwickeln.

Einen Höhepunkt zu bekommen, ist gewiß nicht das wichtigste, aber es ist wünschenswert und erfreulich und senkt die sexuelle Anspannung. Um das zu erreichen, ist eine Erektion nicht nötig, aber sollte Ihre Partnerin Schwierigkeiten haben, Sie ohne Erektion zum Orgasmus zu manipulieren, werden die folgenden Ratschläge vielleicht hilfreich sein.

1. Vergewissern Sie sich, daß die Bedingungen, um für sexuelle Reize empfänglich sein zu können, auf Sie zutreffen. (6. Kapitel).
2. Bitten Sie Ihre Partnerin, mit ihrer linken Hand (oder

rechten, wenn sie Linkshänderin ist) das Ende Ihres Penis zu umfassen. Das sorgt dafür, daß er nicht zuviel wackelt. Mit der gleichen Hand soll sie auch die lose Haut um den Penis fest hinunter zum Ende des Penis hindrücken. Macht sie das nicht, dann wird sie mit der rechten Hand, die versucht, Ihren Penis zu manipulieren, zuviel Haut über den Penisschaft rauf und runter bewegen, was nicht allzusehr stimuliert. Wenn die lose Haut fest um das Ende des Penis gehalten wird, so ist mehr Reibung und daher Stimulation möglich. Ihre linke Hand kann auch das Ende des Penis leicht drükken.

3. Achten Sie darauf, daß Ihr Penis und die rechte Hand Ihrer Partnerin geschmeidig sind (verwenden Sie erwärmtes Babyöl).
4. Bitten Sie Ihre Partnerin, Ihren Penis *kräftig* mit der rechten Hand zu stimulieren – viele Frauen machen das viel zu sanft, weil sie irrtümlicherweise fürchten, ihren Partner eventuell zu verletzen. Probieren Sie die im Anhang 13 vorgeschlagene Position aus, als ersten Schritt für die gemeinsame erektile Übung, denn sie ist die bequemste für Ihre Partnerin und ermöglicht ihr den besten Zugang zu Ihrem Genitalbereich.
5. Geben Sie ihr das entsprechende Feedback und Anweisungen über die genaue Art der Stimulation und wo Sie sie ganz genau wünschen.
6. Machen Sie *nicht* den Fehler, *selbst* zu versuchen, den *Höhepunkt zu erreichen,* oder aktiv daran zu arbeiten, zu ejakulieren.
7. Experimentieren Sie, ob das Zusammenziehen oder Entspannen Ihrer Beckenmuskeln und/oder Ihrer Gesäßmuskeln Sie mehr erregt. Bei manchen Männern

steigert sich die Erregung, wenn Sie bewußt ihre Bekken- und Gesäßmuskeln fest anspannen. *Vergewissern* Sie sich, daß Sie nicht jetzt den Fehler begehen, selbst zu versuchen, einen Höhepunkt zu erreichen.

8. Steigern Sie Ihre Erregung durch alles, was Ihnen effektiv erscheint, streicheln Sie z. B. die Brüste oder Genitalien Ihrer Partnerin, geben Sie sich einer erotischen Phantasie hin usw.
9. Wenn Sie trotz der oben gegebenen Ratschläge das Gefühl haben, eine andere Art von Stimulation zu benötigen, so können Sie einen elektrischen Vibrator benutzen. Der beste Typ hat einen Netzanschluß und ein Zusatzgerät, das auf das Vorhautbändchen oder Frenulum, die Verbindung von Eichel und Penisschaft, gesetzt wird, wie in Abbildung 7 gezeigt.

Der Penis muß sanft gegen das Zusatzgerät des Vibrators mit mehreren Fingern gehalten werden. Etwas Experimentieren wird notwendig sein, bis Sie die für Sie effektivste Art der Stimulation gefunden haben. Batteriebetriebene Vibratoren in Penisform sind nicht so ratsam für Männer mit Ejakulationsschwierigkeiten.

Haben Sie keine Partnerin und Probleme, mit Masturbation zum Orgasmus zu gelangen, so sollten Sie diese Vorschläge so umgestalten, daß Sie wissen, wie Sie sich selbst am effektivsten stimulieren.

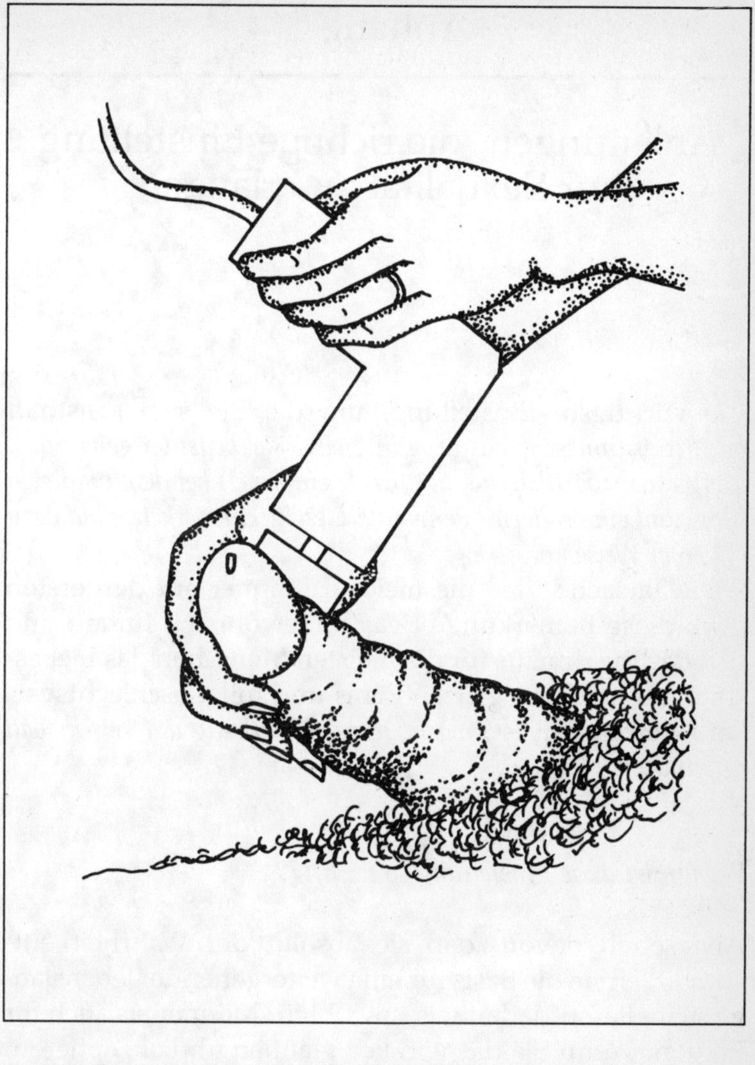

Abbildung 7 Der korrekte Gebrauch des netzbetriebenen elektrischen Vibrators, um Ejakulation ohne Erektion zu erreichen

Anhang 1

Anleitungen, die richtige Einstellung zur Sexualität zu erlangen

Die wichtigste Einstellung, um die Sie sich ernsthaft bemühen *müssen*, lautet: *Ein Liebesspiel bedeutet genau das, was es wortwörtlich aussagt, es ist ein Spiel, bei dem man sich liebt, und ein erigierter Penis und Geschlechtsverkehr sind dazu in keiner Weise nötig!*

Die Tatsache, daß die meisten Männer auf den ersten Blick diese Bemerkung etwas ungewöhnlich finden und daß darüber hinaus für die meisten Menschen das Liebesspiel mit einem erigierten Penis und mit Geschlechtsverkehr verbunden ist, *macht diese Bemerkung auf keinen Fall unwirksam!*

Warum ist diese Einstellung so wichtig?

Abgesehen davon, daß sie absolut der Wahrheit entspricht, ist sie die Basis für eine weitergehende, lebenslange sexuelle Zufriedenheit, sowohl für Männer als auch für Frauen. Wenn Sie das wirklich glauben und akzeptieren, so werden Sie zum ersten Mal in einer sexuellen Situation keine Bedenken haben, ob Sie eine Erektion bekommen und auch behalten werden. Denn diese Besorgnis wirkt sich, wie Sie inzwischen wissen, äußerst destruktiv auf die Erektionsfähigkeit aus!

Ein Grundprinzip zur Änderung Ihres Verhaltens

Einmal verinnerlichte Überzeugungen sind bekanntlich schwer zu verändern! Und nur über angemessene Einstellungen und logische Argumente zu lesen ist auch nicht besonders effektiv, um einmal festgesetzte Überzeugungen loszuwerden. Der wirksamste und schnellste Weg, dies zu erreichen, besteht in einer *Änderung des Verhaltens* – mit anderen Worten, tatsächlich gewisse Dinge zu tun, die für die Einstellung relevant sind, um diese sich anzueignen.

Was Sie ›tun‹ müssen, um die richtige Einstellung zur Sexualität zu entwickeln

1. Haben Sie Sex mit jemanden, so oft Ihnen danach ist, aber versuchen Sie *unter keinen Umständen,* in die Vagina Ihrer Partnerin einzudringen, selbst wenn Sie eine perfekte normale Erektion haben!
2. Berühren Sie so oft wie möglich Ihre Partnerin auf sanfte, sexuelle Art und Weise, in Situationen, in denen keine Gelegenheit, das weiter auszudehnen, besteht. Küssen Sie sie z. B., bevor Sie zur Arbeit gehen, während Sie ihr dabei durch die Kleidung hindurch Brüste und Genitalien streicheln, und bitten Sie sie, das gleiche bei Ihnen zu machen. Konzentrieren

Sie sich darauf, sich an dem, was Sie tun, zu erfreuen und empfinden Sie die Lust am Augenblick.

3. *Jedesmal*, wenn Sie sich dabei ertappen, daß Sie wieder daran denken, daß Sie als Mann nicht gut sind oder nichts taugen, weil Sie keine Erektion bekommen oder Ihre Partnerin nicht voll befriedigen können, oder ähnliche irrationale oder destruktive Gedanken haben, dann machen Sie bitte ein Kreuz in Ihr Notizbuch, das Sie für diese Zwecke immer bei sich tragen. Tun Sie das *sofort*, wenn Ihnen bewußt wird, daß Sie diese Gedanken haben. Diese Methode ist äußerst wirksam und wird einfach ›Selbstkontrolle‹ genannt. Und wenn Sie es *exakt* so machen wie beschrieben, werden Sie bald feststellen, daß es immer weniger Kreuze werden. Schön einfach, nicht wahr!
4. Während Sie mit Ihrer Partnerin schmusen, erklären Sie ihr *detailliert* Ihre Gefühle, die Sie während des Liebesspiels mit ihr haben, wenn Sie keine Erektion bekommen und behalten können. Erzählen Sie ihr von Ihren Ängsten, Ihrer Scham usw., welche Art von Gedanken Ihnen durch den Kopf geht, was Sie befürchten, das sie denken und tun möge, und wovor Sie sich in der Zukunft ängstigen. Während Sie ihr genauestens Ihre Emotionen und irrationalen Gedanken erläutern, vergessen Sie nicht, ihr zu sagen, wie lächerlich Sie sich dabei fühlen und wie sehr Sie dazu neigen, die Bedeutung der Erektion zu übertreiben. Tun Sie das, so oft sich die Gelegenheit dazu bietet!

Dadurch, daß Sie wiederholt Ihre Befürchtungen zum Ausdruck bringen und gleichzeitig betonen, wie lächerlich diese sind, tragen Sie dazu bei, sie immer mehr abzubauen, wie Sie bald selbst feststellen werden. Sie der Partnerin mitzuteilen hilft auch ihr, Sie besser zu verstehen und Ihnen behilflich zu sein. Denken Sie daran, nur Ihre Überzeugungen und Einstellungen sind lächerlich, *nicht* Sie selbst – *Sie demütigen sich dadurch unter keinen Umständen!*

5. Verfassen Sie mit Hilfe Ihrer Partnerin eine umfangreiche und detaillierte Liste mit allen spezifischen Vorteilen (für Sie, Ihre Partnerin, sie beide), die das Liebesspiel ohne Zwang zum Geschlechtsverkehr hat, oder die irgendwelche anderen speziellen Ziele haben. Diese werden sich hauptsächlich darum drehen:
   a) Alle Sorgen und Ängste in bezug auf den sexuellen Akt auszuräumen, so daß sie beide einfach ihren Spaß daran haben können.
   b) Sie ermutigen, neue Stimulationsformen auszuprobieren und Sinnlichkeit völlig neu zu erleben.

Seien Sie *besonders präzise*, wenn Sie folgende Vorteile auflisten – wie z. B.

a) Wir können uns lieben, wann immer wir Lust dazu haben, ohne uns Sorgen machen zu müssen, ob ich eine Erektion bekomme oder nicht.
b) Wir können uns lieben, ohne daß ich mir Gedanken machen muß, ob ich in der Lage sein werde oder nicht, dich zum Orgasmus zu bringen.
c) Wir können uns lieben, auch wenn ich müde bin, ohne daß ich befürchten muß, währenddessen einzuschlafen.

Wenn Sie diese Liste ausgearbeitet haben, legen Sie sie beiseite. Beginnen Sie etwa einen Tag später, mit Ihrer Partnerin *gründlich* jeden Grundsatz durchzudiskutieren, und zwar am besten in mehreren kurzen Sitzungen.

6. Erzählen Sie so vielen Leuten wie möglich (Freunden, Jugendlichen, Arbeitskollegen), daß das Liebesspiel das ist, was es wortwörtlich aussagt, und daß es dabei *keinen* Zwang gibt, sondern daß es *immer nur um den Spaß daran geht!* Wenn Sie das tun, dann brauchen Sie nicht zuzugeben, daß Sie Erektionsschwierigkeiten haben! Sie können jedoch erwähnen, daß es bei Ihrer Partnerin keine Probleme gibt, wenn Sie nach einiger Zeit beim Liebesspiel einschlafen, bevor Sie überhaupt eine richtige Erektion hatten, oder ähnliches.

   Das Grundprinzip hierbei lautet, wenn man jemand anderem eine neue Verhaltensweise erklärt, so ist das eine ausgezeichnete und äußerst wirksame Art und Weise, diese selbst zu verinnerlichen.

7. Folgendes klingt zwar lächerlich, aber es ist *sehr* nützlich und äußerst hilfreich – wagen Sie einen Versuch!

   Wenn Sie allein zu Hause sind, schließen Sie die Augen und stellen Sie sich vor, Sie befänden sich in einer sexuellen Situation mit Ihrer Partnerin und wären unfähig zu erigieren. Dann stellen Sie sich selbst vor, als seien Sie sehr ängstlich. Dann, aber *ganz laut,* sprechen Sie mit Ihrer (eingebildeten) Angst, als sei sie ein ungezogenes Kind. Beschimpfen Sie sie, verspotten Sie sie, verbieten Sie ihr etwas usw. Geben Sie ihr z. B. einen Namen:

   »Du blöde Angst du, du bist ein dummer, gemeiner und rücksichtsloser Spielverderber! Wie kannst du es wagen, in meinem Kopf herumzugeistern – hau endlich ab! Du bist wohl wahnsinnig zu glauben, ich lasse mich von dir beim Lieben stören, mit oder ohne Erektion!« Legen Sie ein paar *wahre Gefühle* in das, was sie äußern, und machen Sie alles so lange wie möglich, mindestens jedoch zwei Minuten. Wiederholen Sie das Ganze nach dem Prinzip ›ein bißchen öfter ist besser‹. Je blöder Sie sich dabei vorkommen, desto effektiver ist die Technik!

8. Dachten Sie, Punkt 7 ist lächerlich, dann werden Sie glauben, dieser hier sei absolut verrückt, aber machen Sie ihn auf jeden Fall! Wenn Sie Zeit für sich haben und alleine sind, gehen Sie auf die Toilette, setzen Sie sich auf den Deckel, und beklagen Sie sich ganz laut in übertriebener Art und Weise über Ihre Unfähigkeit, beim Liebesspiel keine Erektion zu bekommen oder sie zu behalten. Versuchen *Sie sich echt fertigzumachen,* indem Sie z. B. *völlig überzogen* zu sich folgendes sagen: »Ich werde *nie mehr* in der Lage sein, wieder Sex zu haben. Es ist *aus,* für immer, keine Frau will *jemals* wieder *etwas* mit mir zu tun haben. Es ist das *schrecklichste,* was mir *je* passiert ist«, usw. Äußern Sie diese Dinge so *übertrieben und extrem* wie möglich. *Zwingen* Sie sich, so lange es geht damit fortzufahren, bis Ihnen wirklich *keine* Emotion mehr einfällt – *das ist sehr wichtig!* Unterbrechen Sie die Übung *nicht,* machen Sie so lange weiter, bis Sie buchstäblich fix und fertig sind! Es hilft auch, sofern Sie ein Tonband haben, diese laut geäußerten, übertriebenen Befürchtungen aufzunehmen, und sich dann, wenn Sie damit fertig sind, *sofort* dazu zu zwingen, sich das Band anzuhören! Wenn Sie sich überwinden können und sich nicht wie ein Vollidiot vorkommen, dann spielen Sie das Band Ihrer Partnerin vor, auch das ist von großem Nutzen!

Wenn Ihnen diese Übung dennoch völlig schwachsinnig vorkommen sollte, dann sagen Sie mehrmals laut und mit Gefühl folgendes: »Williams ist wahnsinnig, aber ich lasse ihn gewähren, indem ich diese verrückten Übungen mache.« Denken Sie daran, je lächerlicher Sie sich tatsächlich fühlen, *desto wirksamer* ist diese Methode.

Wiederholen Sie die Übung so oft wie es geht, bis Sie *sicher* sind, daß sich Ihre Einstellung geändert hat!

9. Probieren Sie das Premack-Prinzip aus, das im Anhang 2 beschrieben wird.
10. Machen Sie die Autosuggestion, die im Anhang 9 erläutert wird.

Vielleicht überlegen Sie, warum ich Ihnen so viele verschiedene Methoden vorgeschlagen habe, wie Sie die richtige Einstellung zur Sexualität erlangen können. Meine Gründe sind ganz einfach – Sie *müssen* einerseits diese Einstellung bekommen und nicht nur vorübergehend daran festhalten, und andererseits wirkt sich nicht jede Selbsthilfetechnik in gleicher Weise auf jeden aus.

Wenn Sie meine Ansicht teilen, daß Sie die richtige Einstellung bekommen *müssen*, dann *zwingen* Sie sich, einige dieser Übungen so oft wie möglich zu machen, selbst wenn es Ihnen nicht behagt oder Sie es total schwachsinnig finden! Wenn nach *einer angemessenen Zeit* eine dieser Methoden irgendwie nicht zu helfen scheint, dann hören Sie damit auf, sie zu machen! Sie werden den Zeitpunkt ganz genau wissen, ab dem Sie nicht mehr an Ihrer Einstellung zur Sexualität arbeiten müssen – diese wird Ihnen völlig natürlich vorkommen, und Sie werden nicht länger besorgt darüber sein, ob Sie erigieren können oder nicht!

Anhang 2

Die Anwendung des Premack-Prinzips

Diese einfache, geniale und effektive Methode dient ebenfalls der Änderung unerwünschter Einstellungen. Im wesentlichen *zwingen* Sie sich dabei, immer wieder *mit viel Gefühl* das zu denken, was Sie sich einreden wollen, und zwar stets dann, wenn Sie eine häufig vorkommende alltägliche Aufgabe erledigen. Das Herausragende dieser Technik ist die Tatsache, daß sie unbedingt wirkt, *auch wenn* Sie häufig genau das Gegenteil von der Einstellung glauben, die Sie verändern möchten!

Prägen Sie sich folgenden Satz, Wort für Wort, genau ein:

Für ein gutes, befriedigendes Liebesspiel ist kein Geschlechtsverkehr nötig, und es erfordert auf keinen Fall eine Erektion – ob mit oder ohne Erektion, das Liebesspiel macht immer großen Spaß!

Als nächstes überlegen Sie sich eine häufig vorkommende Tätigkeit in Ihrem Alltag, wie z. B. Telefonieren. *Zwingen* Sie sich, den obigen Satz *mit so viel Gefühl wie möglich* sechsmal zu sprechen oder zu denken, *bevor* Sie Ihre Telefonate erledigen. Wenn Ihnen nichts einfällt, was Sie häufig tun, nehmen Sie den Begriff Wasser – jedesmal *bevor* Sie Wasser *berühren, trinken* (d. h. alle Arten von Flüssigkeiten) oder Wasser *lassen* (urinieren), wiederholen Sie *zuerst* sechsmal *mit viel Gefühl* den obigen Satz!

Wenn Sie diese Methode regelmäßig mehrere Wochen lang praktiziert haben, werden Sie feststellen, wie wirksam sie ist und daß Sie die gewünschte Einstellung fast verinnerlicht haben. Und erst dann, wenn Sie wirklich *davon überzeugt* sind, daß Sie die Einstellung *wahrhaftig* verinnerlicht haben, hören Sie auf, diese Methode anzuwenden.

Obwohl sich das alles sehr einfach anhört, werden Sie zugeben müssen, daß es *äußerst hilfreich* ist!

Sie werden das Premack-Prinzip natürlich zunächst anwenden, um die eben beschriebene wichtigste Einstellung zur Sexualität zu erlangen, andererseits können Sie aber diese Methode auch einsetzen, um destruktive Wirkungen anderer ungewünschter Einstellungen, die auf den Sexualmythen basieren, zu überwinden.

Anhang 3

Wie Sie lernen, Ihren Gedankenfluß zu stoppen

Die psychologische Vorgehensweise, sich von sinnlosen und unnützen Gedanken zu befreien, ist einfach und sehr effektiv, und es gibt eine Reihe verschiedener Möglichkeiten, das zu erreichen.

Die hier beschriebene Methode ist besonders hilfreich, wenn Sie Ihren Gedankenfluß bei der Liebe stoppen wollen.

Die Vorgehensweise

Sagen Sie folgenden Satz laut, und sollte das nicht möglich sein, dann denken Sie ihn sich:

»Stopp: Ich werde diese Gedanken nicht zulassen – sie sind irrational!«

Sofort danach stellen Sie sich eine wunderschöne, friedliche und entspannte Szene vor, ungefähr drei Sekunden lang.

Schließen Sie dabei die Augen, falls das möglich sein sollte. Wenn nicht, dann denken Sie an die friedliche Szene drei Sekunden lang mit offenen Augen.

Einige wichtige Punkte

1. Benutzen Sie immer die *gleichen* Worte – ändern Sie sie auf keinen Fall!
2. Tragen Sie um Ihr Handgelenk ein dickes elastisches Band, und jedesmal, wenn Sie ›Stopp‹ denken, lassen Sie das Band *richtig schmerzhaft* gegen Ihr Handgelenk schnippen. Falls Sie das in Verlegenheit bringen würde, dann beißen Sie sich auf die Zunge oder in die Wange! Dieser schmerzhafte Reiz, wenn Sie ›Stopp‹ denken, läßt Sie viel schneller lernen, Ihren Gedankenfluß zu stoppen. Wenn Sie das richtig beherrschen, ist diese Methode natürlich nicht mehr erforderlich.
3. Sprechen Sie diesen Satz *immer* mit sehr *viel Gefühl und Betonung!* Nur auf diese Art und Weise erzielen Sie die richtige Wirkung, die Worte dürfen *niemals* emotionslos oder neutral klingen!
4. Sprechen oder denken Sie den Satz in normalem Tempo – auf *keinen Fall* zu schnell!
5. Denken Sie jedesmal an *genau* die gleiche friedliche Szene! Üben Sie die Visualisierung mehrfach, bis es immer in allen Details die gleiche ist.
6. Sie müssen diese Übung wahrscheinlich mehrere tausend Mal machen, bevor Sie in der Lage sein werden, Ihre Gedanken zu stoppen. *Begehen Sie also nicht den Fehler,* schon nach wenigen hundert Versuchen aufzugeben, wenn es nicht so klappt, wie Sie wollen!

Einige praktische Hinweise

1. Tragen Sie das dicke elastische Band an dem Handge-

lenk, an dem Sie auch Ihre Uhr tragen. Immer wenn Sie auf die Uhr schauen, erinnert Sie das Band daran, Ihre gedankenstoppende Übung zu machen.

2. Verbannen Sie einige Tage lang ausschließlich triviale Gedanken, die keine weitere Bedeutung für Sie haben, mit dieser Übung aus Ihrem Kopf. Wenn Sie das ganz automatisch beherrschen, tun Sie folgendes:
   a) Lassen Sie weiterhin keine trivialen Gedanken zu, wann immer Sie diese denken. Das elastische Band wird Ihnen dabei helfen, sich daran zu erinnern.
   b) Jetzt wenden Sie sich Gedanken zu, die Sie wirklich nicht mehr denken wollen, wie sorgenvolle oder deprimierende. Wenn Sie mit dieser Übung beginnen, werden Sie feststellen, daß kaum, daß Sie die Übung beendet haben, die ungewünschten Gedanken wieder auftauchen. Wiederholen Sie dann sofort den ganzen Satz, und wenn nötig immer wieder. Auch wenn diese permanenten Wiederholungen langweilig werden, Sie haben leider keine andere Möglichkeit. Und mit jedem Mal wird die Wirksamkeit der Methode langsam und allmählich zunehmen.

Bemerkung

Egal, wie viele tausend Mal Sie Ihren Satz wiederholen, sagen Sie ihn *jedesmal* mit Gefühl und Betonung! Er darf *unter keinen Umständen* mechanisch und emotionslos ausgesprochen werden!

Anwendung der Übung

1. In alltäglichen Situationen
   Sie *müssen* allen Gedanken über Ihre Sexualpraktiken den *Krieg* erklären, ungeachtet der Umstände, wann Sie sie denken. *Jedesmal* wenn Ihnen bewußt wird, daß Sie solche größtenteils destruktiven Gedanken haben, verbannen Sie diese aus Ihrem Kopf, indem Sie *sofort* die Übung machen, und falls nötig, ständig wiederholen.
2. Bei der Liebe
   Hier ist es *absolut notwendig,* keine sinnlosen Gedanken im Kopf zu haben! Dies können Gedanken über Ihre Sexualpraktiken sein (wie z. B. »Ich hoffe, er wird steif genug«), oder Gedanken über andere Dinge, die mit der Situation nichts zu tun haben, wie z. B. über ein ungelöstes Problem aus Ihrem Beruf.

   Es gibt eine leichte Variante zu dem oben vorgeschlagenen Standardsatz, die *oft noch hilfreicher* ist, wenn Sie gerade Körperkontakt mit Ihrer Partnerin haben. Sie lautet: *»Stopp: Ich werde diese Gedanken nicht zulassen – sie sind irrational: alles, was ich zu tun habe, ist, mich auf das zu konzentrieren, was ich im Augenblick fühle.«* Widmen Sie sich dann ganz der körperlichen Sinnlichkeit, die Sie erfahren, indem Sie Ihre Partnerin berühren und von ihr berührt werden.

   Diese Variante können Sie sowohl auf triviale als auch auf echt unerwünschte Gedanken anwenden, *nachdem* Sie die grundlegende Technik zu beherrschen gelernt haben. Wenn Sie sie praktizieren, berühren Sie sich dabei selbst, und konzentrieren Sie sich auf diese Berührungen. Machen Sie sie auch in einer alltäglichen

Situation, wenn Sie z. B. mit Ihrer Partnerin vor dem Fernseher sitzen und ihre Hand halten.

Denken Sie daran!

1. Sie *müssen* sinnlosen Gedanken den Krieg erklären, *besonders* solchen über Ihre Sexualpraktiken – sowohl vergangene, als auch gegenwärtige und zukünftige!
2. Solange Sie nicht diese Methode wirklich beherrschen, müssen Sie die Übung ständig wiederholen. Andererseits ist dies besser, als immer wieder destruktive Gedanken zu haben.
3. Jedesmal, wenn Sie die Übung machen, *muß* das mit Gefühl oder besonderer Betonung geschehen!
4. Wenn Sie diese Übung ständig praktizieren, werden Sie nicht nur negative Gedanken über Sex, sondern alle unerwünschten Gedanken verbannen lernen.

Bemerkung

Wenn Sie Schwierigkeiten haben, sich eine friedliche Szene *vorzustellen,* so probieren Sie die folgende Alternative aus:

1. Stellen Sie sich statt dessen eine weiße Wand oder ein großes STOP-Schild vor.
2. Summen Sie in Ihrem Kopf einen kurzen Ausschnitt Ihrer Lieblingsmusik, und achten Sie darauf, daß es immer das gleiche Stück ist.

Anhang 4

Übungen, um Ihre Sensibilität zu steigern

Schritt 1 Wie Sie Ihr Hautgefühl sensibilisieren

Schließen Sie die Augen und berühren Sie eine entblößte Stelle Ihres Körpers. Können Sie die Temperatur fühlen – ist es warm oder kalt? Dann probieren Sie aus, ob Sie den Druck, den Sie ausüben, spüren können – ist er leicht oder fest? Konzentrieren Sie sich nun auf die Struktur der Haut – ist sie weich oder rauh? Zuletzt konzentrieren Sie sich auf die Hautfeuchtigkeit – ist sie sehr trocken oder leicht feucht?

Praktizieren Sie das, immer wenn Sie daran denken, ungefähr 10 bis 20 Sekunden lang, bis es sehr leicht für Sie ist, sich auf diese vier Punkte schnell zu konzentrieren, einer nach dem anderen, wann immer Sie sich an irgendeinem Teil Ihres Körpers berühren.

Wenn Sie ausreichend geübt darin sind, gehen Sie einen Schritt weiter und lernen, ›sich selbst‹ in diesem Gefühl ›zu verlieren‹, das Ihre Berührung mit geschlossenen Augen auslöst. Das heißt, Sie lernen, sich auf diese Gefühle so lange zu konzentrieren, bis Sie *nichts mehr, was außen um Sie herum passiert,* mitbekommen. Sie werden feststellen, daß es eine gewisse Praxis erfordert, diese Übung völlig zu beherrschen, also seien Sie nicht enttäuscht, wenn es länger dauert, als Sie vermutet haben! Üben Sie mehrere Minuten lang so oft wie möglich.

Wenn Sie die Grundübung *perfekt* beherrschen, aber nur dann, wenden Sie sich dem Schritt 2 zu.

Schritt 2 Wie Sie lernen, sich auf andere Dinge zu konzentrieren und sich in diesem Gefühl zu verlieren

Tragen Sie Gegenstände zusammen, die sich verschieden anfühlen, wie einen Pelz, Samt, Federn, etwas aus Plastik, Butter, Orangen usw. Mit geschlossenen Augen berühren Sie diese Dinge leicht und versuchen sich auf die körperlichen Empfindungen, die sie auslösen, zu konzentrieren. Probieren Sie auch diesmal aus, ›sich in diesem Gefühl ganz zu verlieren‹ bis zu dem Punkt, wo Sie nichts anderes mehr wahrnehmen. Bemühen Sie sich, diese Konzentration einige Minuten lang aufrechtzuerhalten. Wiederholen Sie das Ganze mit anderen Gegenständen, und machen Sie es so oft wie möglich.

Schritt 3 Verbalisieren Sie körperliche Empfindungen

Wie bei Schritt 2 sammeln Sie wiederum eine Anzahl verschiedener Objekte um sich herum, nur diesmal sagen Sie laut, was Sie dabei fühlen! Sie werden entdecken, daß es nicht einfach ist, Worte für die körperlichen Empfindungen zu finden, und daß beträchtliche Praxis dafür erforderlich ist. Nichtsdestotrotz lohnt sich die Mühe, denn diese Übungen helfen ungemein, Ihr Erregungspotential während des sexuellen Kontakts enorm zu vergrößern.

Schritt 4 Verlieren Sie sich selbst in visuellen Empfindungen, sowie solchen des Geruchs, Geschmacks und Gehörs

Wählen Sie einige Bilder, Fotos oder erfreulich anzuschauende Objekte aus. Schließen Sie dann die Augen, und stellen Sie sich diese Bilder usw. vor Ihrem geistigen Auge vor. Lernen Sie, sich selbst in diesen geistigen Bildern zu verlieren – konzentrieren Sie alle Ihre Gedanken darauf, so daß Sie nichts anderes mehr wahrnehmen. Versuchen Sie diese innere visuelle Konzentration für einige Minuten aufrechtzuerhalten.

Wenn Ihnen das leichtfällt, dann machen Sie die gleiche Übung mit Ihren anderen Sinnen. Konzentrieren Sie sich *mit geschlossenen Augen* auf einen angenehmen Geruch, und versuchen Sie, nur daran zu denken, so daß Sie nichts weiteres wahrnehmen. Probieren Sie das gleiche mit einem angenehmen Geschmack in Ihrem Mund aus, und letztlich mit einer Musik, die Ihnen gefällt, oder mit anderen Geräuschen.

Eine der üblichen Antworten auf diese Vorschläge von mir lautet, sie seien dumm (und Williams ist verrückt!). Während Sie, wie immer, das Recht auf Ihre eigene Meinung haben, haben mich meine Erfahrung und meine Bemühungen, sexuell funktionsgestörten Menschen zu helfen, von zwei Dingen überzeugt:

1. Die meisten Menschen wissen nicht, wie sie sich auf angenehme Empfindungen konzentrieren und ganz darin aufgehen können.
2. Die Fähigkeit, sich auf angenehme Empfindungen zu konzentrieren und ganz darin aufzugehen, ist die wichtigste Übung, um sexuelle Probleme überwinden zu lernen und Ihr Erregungspotential zu steigern!

Wenn Sie diese Übungen gewissenhaft und gründlich machen, werden Sie eine ganz neue Dimension körperlichen Bewußtseins erleben, und das wird sowohl Ihre sexuelle Freude als auch Ihre Potenzfähigkeit enorm steigern.

Tun Sie sich selbst einen Gefallen, und geben Sie all diesen Übungen eine Chance!

Anhang 5

Entspannungsübungen

Warum Sie Entspannungsübungen beherrschen sollten, wenn Sie impotent sind:

1. Sie können es sich nicht leisten, wenn Sie die Chance auf eine adäquate Erektion haben wollen, beim Sex ängstlich oder angespannt zu sein.
2. Sie können nicht gleichzeitig besorgt und entspannt sein! Das ist einfach nicht möglich, genausowenig wie Eis in kochendem Wasser herumschwimmt! Daher ist Entspannung die Chance, sich von Angstgefühlen und Anspannungen zu befreien.
3. Wenn Sie der Meinung sind, daß Ihr Leben generell voller Streß ist, so können regelmäßige Entspannungsübungen dazu dienen, die nachteiligen Folgen dieses Stresses abzubauen. Die Auswirkungen von Streß werden, wie Sie sich vielleicht erinnern, im 8. Kapitel beschrieben.

Wie Sie sich selbst entspannen können

Ich schlage Ihnen zwei sehr unterschiedliche Methoden vor. Für welche Sie sich entscheiden, bleibt ganz allein Ihnen selbst überlassen.

Legen Sie sich bequem hin, schließen Sie die Augen, Ihre Kleidung sollte ganz locker sein (z. B. Schuhe ausgezogen, Schlips und Gürtel abgelegt). Lassen Sie Ihren Atem so kommen und gehen, wie er will – *atmen Sie nicht vorsätzlich tief oder auf irgendeine andere besondere Art und Weise!*

Konzentrieren Sie sich auf Ihre Füße – stellen Sie sie sich vor Ihrem geistigen Auge vor, oder denken Sie einfach an sie. Spannen Sie dann bewußt die Muskeln Ihrer Füße an, so stark wie möglich, aber ohne, daß es Ihnen wehtut. *Machen Sie das, ohne wirklich Ihre Füße zu bewegen.* Nachdem Sie Ihre Muskeln auf diese Weise stark angespannt haben, lassen Sie los und *erlauben* Sie ihnen, sich völlig zu entspannen. Sobald Sie sie entspannen, *denken* Sie wiederholt und ganz ruhig jedesmal, wenn Sie ausatmen, ›entspannen‹.

Sind Ihre Fußmuskeln total entspannt, hören Sie auf, beim Ausatmen ›entspannen‹ zu denken, und konzentrieren Sie sich auf Ihre Wadenmuskeln. Spannen Sie sie jetzt so fest an, daß es nicht schmerzt, und ohne Ihre Beine zu bewegen. Nach dieser Anspannung entspannen Sie sie, wobei Sie wiederum jedesmal beim Ausatmen denken ›entspannen‹.

Sind die Wadenmuskeln entspannt genug, wiederholen Sie den ganzen Vorgang mit Ihren Oberschenkelmuskeln, dann mit Ihren Bauchmuskeln, Ihren Nackenmuskeln, Ihren Kiefermuskeln, Ihren Stirnmuskeln, Ihren Oberarmmuskeln, Ihren Vorderarmmuskeln, Ihren Händen. Wenn sich Ihre Handmuskeln entspannt haben, stellen Sie sich vor, Sie befänden sich in einer sehr friedlichen

Szene, z. B. an einem schönen Strand, und denken Sie jedesmal beim Ausatmen ›entspannen‹. Fahren Sie fort, sich an diesem Ort zu fühlen, und denken Sie ›entspannen‹ beim Ausatmen für mindestens eine Minute.

Sie werden feststellen, daß diese Übung anfangs zehn bis fünfzehn Minuten dauern wird. Wenn Sie sich erst einmal daran gewöhnt haben, so daß Sie nicht mehr überlegen müssen, was als nächstes zu tun ist oder wie Sie es tun müssen, werden Sie am Ende der Übung spüren, wie entspannt Sie sind, und das wird sich mit zunehmender Praxis noch steigern.

Stellen Sie sich immer am Ende dieselbe friedliche Szene vor – das ist *sehr* wichtig! Nach regelmäßiger Übung wird diese Standardszene zum auslösenden Signal für Sie, sich zu entspannen. Und immer wenn Sie sich diese Szene vorstellen und wiederholt ›entspannen‹ bei jedem Ausatmen denken, werden Sie sich schnell entspannt fühlen, ohne irgendeine einleitende Muskelanspannung und -entspannung!

Mit regelmäßiger Praxis können Sie die ganze Übung in etwa sieben Minuten machen. Wenn möglich, üben Sie zweimal am Tag, bis Sie sie gründlich beherrschen und sich zusätzlich schnell entspannen können, indem Sie einfach ›entspannen‹ beim Ausatmen denken und sich dabei die friedliche Szene vorstellen. Danach können Sie die Übung ein bis zweimal die Woche praktizieren, am besten wenn Sie im Bett liegen, oder bevor Sie nachts schlafen gehen.

Um sich von Angstgefühlen und Anspannungen beim Sex oder in einer anderen Situation zu befreien, schließen Sie einfach die Augen, stellen Sie sich Ihre übliche friedliche Szene vor, und denken Sie ›entspannen‹ jedes Mal, wenn Sie ausatmen. Sollte es Ihnen nicht möglich sein, die Augen zu schließen, visualisieren Sie Ihre friedliche Szene mit offenen Augen, und denken Sie weiter ›entspannen‹ bei jedem Ausatmen.

Methode 2 Eine Atemtechnik

Setzen Sie sich bequem in einen Stuhl, und neigen Sie den Kopf leicht nach vorne, oder legen Sie sich hin. Schließen Sie die Augen, und konzentrieren Sie sich geistig auf den unteren Teil Ihrer Brust und den oberen Teil Ihres Bauches.

Atmen Sie *ganz leicht* ein, *denken* Sie schweigend ›eins‹. Dann atmen Sie ebenso sanft aus, und denken dabei ›eins‹. Der nächste Atemzug ist leicht, aber *etwas tiefer*, und Sie denken dabei ›eins und zwei‹. Dann atmen Sie aus und denken ebenfalls ›eins und zwei‹. Ihr nächstes Einatmen wird *noch etwas tiefer* sein, und Sie denken dabei ›eins, zwei und drei‹, ebenso wie beim Ausatmen. Das nächste Ein- und Ausatmen ist noch etwas tiefer, während Sie von eins bis vier zählen, usw. bis Sie schließlich *so tief atmen* wir nur möglich. Ist das geschehen, so beginnen Sie wieder von *vorne*, d. h. Sie atmen wieder ganz leicht ein und denken dabei ›eins‹ und wiederholen dann den ganzen Vorgang ungefähr drei bis fünf Minuten lang. Schätzen Sie diese Zeit ein, ohne auf die Uhr zu schauen.

Sie werden feststellen, daß es eine Weile dauert, so atmen zu lernen, aber es ist wirklich nicht schwierig. Wenn Sie diese Atemtechnik beherrschen, ohne viel darüber nachdenken zu müssen, werden Sie merken, wie sehr Sie das entspannt.

Je öfter Sie die Übung machen, desto schneller können Sie sich entspannen, und das *ohne dabei schweigend zu zählen*. Irgendwann ist es auch nicht mehr nötig, dabei die Augen zu schließen.

Machen Sie die Übung fünf Minuten lang, so oft es Ihnen möglich ist und so lange, bis Sie gelernt haben, sich dadurch schnell zu entspannen – und das in ein bis zwei Minuten. Besonders wirksam ist es, die Übung kurz vor dem Schlafengehen auszuführen.

Wenden Sie diese Entspannungstechnik an, wenn Sie sich beim Sex oder irgendeiner anderen Situation unwohl fühlen, wiederholen Sie sie gegebenenfalls. Mit zunehmender Praxis wird Ihnen das immer leichter fallen.

Anmerkung

Es empfiehlt sich, diese Übungen nicht nur zur Entspannung zu machen, sondern auch gegen Gefühle wie z. B. Nervosität oder Wut.

Anhang 6

Beckenmuskelübungen

Diese Übung kräftigt die Muskeln in Ihrem Beckenbereich. Diese Muskeln sind für die Sexualfunktionen äußerst wichtig. Durch regelmäßige Übung verbessert sich Ihre Erektionsfähigkeit und Ihr Orgasmus wird wesentlich angenehmer. Sie können mit dieser Übung auch die Fähigkeit entwickeln, mehrere Orgasmen hintereinander zu erleben!

Schritt 1

Wenn Sie urinieren, probieren Sie wiederholt, den Urinfluß zu stoppen und zu starten. Wenn Ihnen das leichtfällt, dann versuchen Sie diese Übung, *ohne in irgendeiner Weise Ihre Bauchmuskeln dazu zu benutzen!* Legen Sie eine Hand fest auf den unteren Bauchbereich, um sich zu vergewissern, daß sich diese Muskeln nicht bewegen, wenn Sie den Urinfluß stoppen.

Schritt 2

Beherrschen Sie den ersten Schritt, dann probieren Sie genau die gleiche Bewegung aus, ohne dabei zu urinieren. Üben Sie das zehnmal hintereinander dreimal täglich. Steigern Sie das innerhalb einiger Wochen allmählich, bis Sie es hundertmal hintereinander dreimal täglich praktizieren. Machen Sie es sich zur Gewohnheit, diese Muskeln jedesmal, wenn Sie ein Essen zu sich nehmen, zu trainieren. Die Mahlzeiten erinnern Sie an die Übung, und diese wird somit zur automatischen Routine, die Sie hoffentlich für den *Rest Ihres Lebens* beibehalten.

Zusammenfassung

1. Vergewissern Sie sich, daß Sie *nicht* Ihre Bauchmuskeln benutzen!
2. Erhöhen Sie die Übungszahl *allmählich* über einen Zeitraum von einigen Wochen von zehn auf hundert.
3. Üben Sie dreimal täglich, *ständig!*
4. Es kann einen bis zwei Monate dauern, bis Sie eine Zunahme der Muskelkraft bemerken.

Anhang 7

Phantasietraining

Eine Phantasie ist eine Aneinanderreihung von Gedanken über ein imaginäres Thema – mit anderen Worten, ein Tagtraum. Jeder normale Mensch hat solche Phantasievorstellungen, und das ist nichts Verwerfliches, sondern kann äußerst reizvoll sein. Manche Tagträume oder Phantasien sind sexueller Natur, und auch das ist völlig normal. Wenn Sie z. B. am Strand liegen und eine attraktive Frau beobachten, so kann Sie das zu einer sexuellen Phantasie anregen.

Es mag Sie überraschen zu erfahren, daß Frauen häufig *beim Liebesspiel* sexuelle Phantasien haben. Das ist *auf keinen Fall unmoralisch* und sollte offen gestanden eher zum *Nachahmen* anregen. Wir Männer tendieren während des sexuellen Kontakts leider weit weniger dazu, Phantasien zu haben, bis vielleicht Probleme auftauchen.

Sie werden schnell merken, daß es wesentlich leichter ist, eine Erektion zu bekommen und sie aufrechtzuhalten, wenn Sie sexuelle Phantasien während des Liebesakts einsetzen. Sie haben dann auch weniger Probleme mit sinnlosen Gedanken, ob Sie z. B. eine Erektion bekommen oder nicht. Bevor Sie jedoch voll davon profitieren können, sollten Sie noch einige Tatsachen zur Kenntnis nehmen und ein paar Übungen machen!

Einige wichtige Tatsachen

1. Die Art der Phantasien, die sowohl Männer als auch Frauen haben können, ist extrem unterschiedlich. Manche erregt die Vorstellung einer sexuellen Aktivität, die andere wiederum als unangenehm oder sogar abstoßend empfinden würden. Entscheidend dabei ist zu wissen, daß es egal ist, wie Ihre Phantasie gestaltet sein mag, Hauptsache, *sie erregt Sie!* Und das ist *ganz normal* und *völlig in Ordnung!* Erst wenn Sie diese Phantasie ausleben, kann das unter Umständen pervers sein. Denn es liegen Welten zwischen der *Vorstellung* und dem *wirklichen Tun!*
2. Es besteht absolut kein Grund, sich schuldig zu fühlen, wenn Sie sich während des Liebesspiels mit Ihrer Partnerin eine sexuelle Aktivität mit einer anderen Person vorstellen. *Das heißt auf keinen Fall, daß Sie sie nicht lieben oder daß Sie wirklich jemand anderen bevorzugen würden!* Es ist *kein* ›geistiger Ehebruch‹ – es ist einfach eine sinnvolle und erfreuliche sexuelle Verhaltensweise!
3. Es besteht auch kein besonderer Grund, warum Sie Ihrer Partnerin während dessen oder danach etwas davon erzählen sollten. Was in Ihrem Kopf vorgeht, ist ganz allein Ihre Privatangelegenheit, und Sie brauchen *niemandem* darüber Rechenschaft abzulegen. Andererseits können Sie natürlich, wenn Sie das möchten, Ihrer Partnerin auch gerne Ihre Phantasien mitteilen. Viele anspruchsvolle Liebhaber behaupten, daß der ge-

genseitige Austausch der Phantasien während des Liebesakts oder danach die Erregung und Lust beider steigert und sie auch emotional einander näher bringt, wegen des dadurch entstandenen innigen Gefühls der Intimität.

4. Der Gebrauch von Phantasien während des Liebesspiels ist erst dann von Vorteil für Sie, wenn Sie die Übungen praktiziert und dadurch ein gewisses Geschick entwickelt haben. Im Grunde müssen Sie lernen, sich einerseits selbst beim Sex wohl zu fühlen, während Sie sich andererseits zur gleichen Zeit in eine angenehme Phantasie versetzen können müssen, und zusätzlich müssen Sie sich auch noch auf Ihre eigenen körperlichen Empfindungen konzentrieren, besonders die Ihrer Genitalien.

   Es ist so, als müßten Sie lernen, auf drei Instrumenten gleichzeitig zu spielen!

Übungen für den vorteilhaften Gebrauch von Phantasien beim Liebesspiel

1. Stellen Sie sich eine Sie sehr erregende sexuelle Szene vor. Diese Szene malen Sie sich in Ihrer Phantasie weiter aus. Denken Sie daran, *in der Phantasie ist absolut alles erlaubt!*

   Notieren Sie sich weitere, Sie sehr erregende sexuelle Situationen oder Aktivitäten.

2. Setzen oder legen Sie sich zu Hause hin, wählen Sie eine dieser Sie erregenden Szenen aus, und *erweitern* Sie sie in Ihrer Phantasie. Schließen Sie dabei die Augen. Die Geschichte *bezieht Sie selbst mit ein* und hat

einen Anfang, eine Mitte und ein Ende. Achten Sie darauf, daß sie einige Minuten andauert. *Währenddessen versuchen Sie sich einzubilden, es passiere Ihnen in Wirklichkeit!* Haben Sie Schwierigkeiten, sich etwas vorzustellen, so kann es hilfreich sein, einige erotische Bilder zu betrachten oder etwas entsprechend Erregendes zu lesen. Wenn Sie erst mal einen Anfang gefunden haben, wird es Ihnen nicht schwer fallen, Ihre eigenen Phantasien zu entwickeln.

Wiederholen Sie diese Übung so oft Sie können, und spinnen Sie sie weiter aus, denken Sie sich neue Folgen Ihrer verschiedenen Szenen aus. Vergessen Sie nicht, auch diese Übung lieber öfter zu machen, als zu lange und dafür um so seltener! Sollten Sie Schwierigkeiten haben, sich die Szenen *zu visualisieren,* so stellen Sie sich Ihre *körperlichen Empfindungen* vor, die Ihre Gedanken begleiten.

3. Wenn es Ihnen leichtfällt, sich insgeheim ein kleines Repertoire erregender Phantasien vorzustellen, dann probieren Sie es, während Sie Sex haben, aus. Berücksichtigen Sie dabei, daß *erhebliche Praxis* nötig ist, um sich währenddessen auf eine Phantasie zu konzentrieren und glechzeitig auch auf die genitalen Gefühle! Es ist oft hilfreich, wenn Sie sich einbilden, daß die Empfindungen, die Sie tatsächlich erleben, wirklich von diesen Phantasien hervorgerufen werden, das ist besonders wichtig, wenn es Ihnen schwerfällt, sie im Kopf zu visualisieren.

   Sie werden es wahrscheinlich leichter und effektiver finden, sich die Phantasien vorzustellen, die Sie zu Hause schon geprobt haben. Sollten Sie sich etwas unwohl oder vielleicht auch schuldig fühlen, daß Sie

Phantasien beim Sex mit Ihrer Partnerin einsetzen, so hören Sie deswegen trotzdem *nicht* damit auf! Mit zunehmender Praxis werden diese unangebrachten und völlig irrationalen Angst- und Schuldgefühle verschwinden.

Der bewußte Einsatz von geprobten sexuellen Phantasien zusammen mit einigen speziell darauf ausgerichteten Übungen dieses Buches wird Ihnen helfen, Ihr Erektionsproblem zu überwinden.

Anhang 8

Desensibilisierung

Durch diese einfache und effektive Technik können Sie Ihre Angstfühle, Scham usw. überwinden, die Sie davor haben, beim Sex keine Erektion zu bekommen und aufrechtzuerhalten. Sie sollten die Desensibilisierung praktizieren, wenn Sie – obwohl Sie gelernt haben, Ihren Gedankenfluß zu stoppen, regelmäßig die Entspannungsübungen zu machen und keinen Geschlechtsverkehr beim Liebesspiel auszuüben – sich dennoch *irgendwie* nervös, verkrampft oder unwohl fühlen beim sexuellen Kontakt mit Ihrer Partnerin oder in der Vorbereitung darauf.

Das Prinzip der Desensibilisierung ist sehr einfach: Wenn Sie sich, *ganz tief entspannt,* wiederholt eine Situation aus dem wirklichen Leben *vorstellen,* die Sie unangemessen ängstlich (oder schuldig, beschämt usw.) macht, so werden Sie allmählich aufhören, sich in der realen Situation unangemessen ängstlich (oder schuldig usw.) zu fühlen.

Desensibilisierungstechniken

Zunächst schreiben Sie eine Reihe *kurzer* Szenen mit typischen Beispielen auf, die sich beim Sex wirklich abgespielt haben und in denen Sie Erektionsprobleme hatten. Schreiben Sie diese in der Gegenwartsform auf, so als würden sie sich gerade jetzt ereignen.

Zum Beispiel:

1. »Ich tausche mit Mary Zärtlichkeiten aus: sie ist sehr erregt und möchte, daß ich in sie eindringe, aber ich habe keine ausreichende Erektion.«
2. »Ich bin mit Mary sexuell zusammen: ich bin gerade in sie eingedrungen, da wird mein Penis schlaff – Mary scheint offensichtlich sehr enttäuscht zu sein.«

Die Szene sollte so kurz dargestellt sein wie in meinen beiden Beispielen und darf *keine* Gefühle von *Ihnen* enthalten. Schreiben Sie z. B. *nicht* »... und ich fühlte mich sehr nervös, schuldig und gedemütigt.«

Achten Sie darauf, daß Ihre Liste *alle* diejenigen Situationen enthält, in denen Sie Erektionsprobleme hatten. Das kann ein Erlebnis während der Masturbation gewesen sein, mit früheren Partnerinnen, oder verschiedene sexuelle Aktivitäten mit einer speziellen Partnerin usw. Generell gilt, daß die Liste *so umfangreich wie möglich* sein sollte – es ist besser, viele Szenen zu beschreiben, als zu wenige!

Als nächstes schreiben Sie eine ähnliche Folge von Szenen auf, dieses Mal mit *möglichen zukünftigen Situationen,* die Sie zwar nicht erlebt haben, aber die sich *vielleicht* in der Zukunft wirklich ereignen und dazu führen könnten, daß Sie sich ängstlich, schuldig usw. fühlen.

Das ist *besonders wichtig,* falls Sie vorübergehend keine feste Partnerin haben sollten.

Zum Beispiel:

1. »Ich bin mit Mary sexuell zusammen. Sie stimuliert meinen Penis oral. Er bleibt völlig schlaff – sie ist offensichtlich frustriert.«
2. »Ich bin zum ersten Mal mit einer neuen Partnerin sexuell zusammen. Sie ist sehr erregt und möchte, daß ich in sie eindringe, aber obwohl sie mich streichelt, habe ich noch nicht einmal den Anfang einer Erektion: sie ist verwirrt und bestürzt.«

Nun schreiben Sie diese Liste mit Szenen (es sollten zehn bis dreißig sein) auf kleine Karten um (ungefähr in der Größer einer Visitenkarte), und zwar auf *jede Karte eine Szene*. Nun können Sie mit den praktischen Desensibilisierungsübungen beginnen.

1. Legen Sie sich irgendwo zu Hause hin, wo Sie niemand stören kann. Der Stapel mit den Karten muß ganz in Ihrer Nähe liegen, so daß Sie leicht eine nach der anderen hochnehmen können, um sie zu lesen. Der Kartenstapel kann *völlig ungeordnet* sein. Die Karten müssen *nicht* so sortiert sein, daß der Stapel z. B. damit beginnt, als das Problem das erste Mal auftauchte, dann kommt die Karte mit der gegenwärtigen Situation, als nächstes die mit der zukünftigen.
2. Entspannen Sie sich mit geschlossenen Augen, indem Sie eine der Techniken anwenden, die ich früher vorgeschlagen habe. Wenn Sie sich ziemlich entspannt fühlen, nehmen Sie ganz langsam, und weiter ganz entspannt, eine Karte hoch, und lesen Sie sie. Legen Sie sie dann separat von dem Stapel irgendwo hin. Schließen Sie die Augen, und versuchen Sie, sich die auf der Karte beschriebene Situation vorzustellen. *Bemühen Sie*

sich, sich einzubilden, daß das, was beschrieben wird, jetzt tatsächlich passiert! Die Vorstellung sollte auch *nicht* nur vage sein oder so, als würden Sie die Szene in einem Film sehen. *Sowie Sie bemerken, daß Sie nicht mehr entspannt sind, hören Sie auf, sich die auf der Karte beschriebene Szene vorzustellen, und entspannen Sie sich erneut!* Lassen Sie *auf keinen Fall* zu, daß Sie sich plötzlich nur aufgrund der Vorstellung wirklich ängstlich, unwohl oder angespannt fühlen! *Beim ersten Anzeichen,* wenn Sie bemerken, daß Sie nicht mehr entspannt sind, hören Sie sofort auf, sich die Szene vorzustellen!

3. Wenn Sie sich wieder ganz entspannt haben, stellen Sie sich die *gleiche* Szene erneut vor, *so als würde sie sich tatsächlich ereignen.* Hören Sie wiederum beim *ersten Anzeichen,* wenn Sie bemerken, daß Sie nicht mehr entspannt sind, damit auf. Wiederholen Sie das Ganze so lange, bis die Szene lebendig geworden zu sein und sich alles tatsächlich zu ereignen scheint, aber Sie in keiner Weise irgendwie beunruhigt! Wenn Ihnen das gelungen ist, widmen Sie sich der zweiten Karte. Wiederholen Sie die ganze Übung. Verlieren Sie bei irgendeiner Szene, wenn Sie sie sich zum ersten Mal lebendig vorstellen, *nicht* Ihre Entspannung, widmen Sie sich gleich der nächsten Karte.
4. Die ganze Übung sollte, wenn möglich, zwanzig Minuten dauern, auf keinen Fall länger. Auch zehn bis fünfzehn Minuten lohnen sich noch, aber weniger als zehn Minuten sollten es auf keinen Fall sein.

Es ist gut möglich, daß Sie sich in einer Übung bei einer bestimmten Szene nicht völlig entspannen können, wenn Sie sie sich wiederholt vorstellen. Das kann dazu führen, daß Sie am Ende der Übung überhaupt nicht mehr entspannt sind. Sollte das passieren, dann bearbeiten Sie dieselbe Szene, wenn Sie das nächste Mal die Übung machen.

5. Wiederholen Sie die Übung ein- oder zweimal täglich, bis Sie den ganzen Kartenstapel durchgearbeitet haben und Sie bei *keiner* der Szenen mehr auf irgendeine Art und Weise Ihre Entspannung verlieren. Wenn Sie das erste Mal durch alle Karten durch sind, wiederholen Sie das Ganze, um *völlig* sicherzugehen, daß keine der Szenen Sie *irgendwie* in Besorgnis versetzt!

   Nach der vollständigen und korrekten Beendigung der Übung werden Sie bemerken, daß Ihre Angst- oder Schuldgefühle usw. in bezug auf Ihr Erektionsproblem verschwunden oder nur noch *äußerst gering* sind!

Anmerkung

Desensibilisierung hilft auch gegen andere irrationale Gefühle wie Beklemmungen, Wut, Schuld, Scham, Ekel oder Eifersucht, *egal welchen Ursprungs,* die ebenfalls Einfluß auf Ihr Erektionsproblem haben.

Anhang 9

Autosuggestion

Wir sind alle beeinflußbar – einmal von dem, was andere Leute uns erzählen, und zweitens von dem, was wir uns selbst einreden. Im entspannten Zustand, wo die Gedanken sich leichter auf das konzentrieren können, was gesagt oder gedacht wird, sind wir viel beeinflußbarer als sonst und daher viel empfänglicher für das, was gesagt wird oder was wir denken.

Diese Beeinflußbarkeit kann ausgenützt werden, indem man sich selbst Dinge, die man ändern will, suggeriert, und zwar in einer Situation, wo es am besten wirkt. Die Technik ist einfach, und ich empfehle ihre Anwendung, um die falschen Einstellungen zu verändern und zu überwinden, die durch die Sexualmythen hervorgerufen werden, die sich wiederum auf Ihre Erektionsfähigkeit auswirken.

Was zu tun ist

1. Setzen Sie sich bequem in einen Sessel, schließen Sie die Augen, den Kopf leicht nach vorne geneigt.

2. Entspannen Sie sich, indem Sie irgendeine der im Anhang 5 beschriebenen Methoden anwenden.
3. Denken Sie *langsam und mit Gefühl* die gewünschte Suggestion, die Sie vorher Wort für Wort zusammengestellt haben.

   Um z. B. die wichtigste sexuelle Einstellung zu bekommen (Anhang 1), können Sie die folgende Suggestion benutzen: »Das Liebesspiel ist *nur eine Möglichkeit, Liebe zu zeigen,* eine Erektion *ist völlig unnötig* – das Liebesspiel *macht immer Spaß!*«
4. Wiederholen Sie die Suggestion *sechsmal, mit viel Gefühl,* und bleiben Sie noch eine halbe Minute danach entspannt, ehe Sie die Augen öffnen. Bleiben Sie noch eine Minute sitzen, bevor Sie aufstehen.

Machen Sie diese einfache kleine Übung so oft wie möglich – mit entsprechender Praxis dauert sie nur drei bis vier Minuten. Bemühen Sie sich, sie *wenigstens* dreimal täglich zu machen, und *fahren Sie so lange damit fort, bis Sie völlig davon überzeugt sind, daß Sie die gewünschte Einstellung verinnerlicht haben!*

Sie können diese Technik gegen alle Auswirkungen von destruktiven Sexualmythen anwenden, aber nehmen Sie sich immer nur einen speziellen Mythos eine Zeitlang vor! Warten Sie so lange, bis sich die neue Einstellung richtig festgesetzt hat, bevor Sie mit einer neuen Autosuggestion gegen einen anderen Sexualmythos beginnen.

Tips für die Formulierung von Suggestionen

1. Sie sollen *kurz* und *einfach* sein – als sprächen Sie mit einem Kind!

2. Formulieren Sie die Suggestion immer *positiv*, und vermeiden Sie negative Worte wie ›nein‹, ›nicht‹ usw.

   Sagen Sie z. B. *nicht* so etwas wie das folgende: »Es ist nicht nötig beim Liebesspiel, eine Erektion zu haben, selbst ohne sie macht jeder sexuelle Kontakt viel Spaß.« Merken Sie, daß der Gesamtton der Suggestion *negativ* ist? Sie müssen daraus eine positive Suggestion machen wie folgende: »Eine Erektion ist völlig unnötig für das Liebesspiel, und das Liebesspiel macht immer viel Spaß.«

   Mit etwas Praxis kann man *jede* Suggestion *positiv* formulieren!
3. *Schreiben* Sie sich die Suggestion immer *auf*, und vergewissern Sie sich dann, daß die oben genannten Regeln auf Sie zutreffen. Wenn sie richtig ist (kurz, einfach und positiv), dann *prägen* Sie sie sich Wort für Wort ein, *bevor* Sie die Übung ausführen.
4. Machen Sie immer nur *eine Suggestion* eine bestimmte Zeit lang. Kommen Sie ja nicht auf die Idee, sich gleichzeitig mehrere Suggestionen einzureden.

Anmerkung

Mit Hilfe von Autosuggestionen können Sie sich auch von anderen irrationalen Einstellungen wie Zorn, Schuldgefühlen usw. befreien.

Anhang 10

Individuelle Erektionsübungen

Einige Grundregeln zu diesen wichtigen Übungen

1. *Die Voraussetzungen müssen gut sein!* Sie müssen unbedingt dafür sorgen, daß Sie allein sind und nicht gestört werden können und daß Ihre Bedingungen, um für sexuelle Reize empfänglich zu sein, stimmen (siehe 6. Kapitel). Sollte Ihnen das Schwierigkeiten bereiten, so müßten Sie als erstes Ihren Terminkalender dementsprechend ändern! Wenn Sie wirklich Erfolg haben wollen, dann werden Sie auch eine Möglichkeit finden, mit den Problemen oder irgendwelchen Schwierigkeiten fertig zu werden!
2. Sie *müssen* in einer sinnlichen Stimmung sein! Sie sollten diese Übungen nicht machen, kurz nachdem Sie eine schwierige Aufgabe erledigt haben. Hören Sie z. B. Ihre Lieblingsmusik, lesen oder betrachten Sie eine Zeitlang erotische Zeitschriften, oder erfreuen Sie sich an einem entspannenden Bad!
3. Sie müssen sich während der Übungen auf *Ihre körperlichen Empfindungen*, die Sie erleben, *konzentrieren*! Falls notwendig, machen Sie die den Gedankenfluß stop-

pende Übung. In den Übungen, in denen Sie zum Phantasieren aufgefordert werden, müssen Sie sich auf Ihre genitalen Gefühle konzentrieren. Dazu ist etwas Praxis nötig. Es kann hilfreich sein, sich einzubilden, die Gefühle, die Sie tatsächlich in Ihren Genitalien spüren, würden durch Ihre Phantasievorstellung ausgelöst.

4. Vermeiden Sie strikt, etwas bewußt *erreichen* zu wollen! Denken Sie daran, daß Sie mit dem Versuch, sich zur Erektion zu zwingen, das Problem nur schlimmer statt besser machen!
5. Beeilen Sie sich nicht! Machen Sie nicht den nächsten Schritt, bevor Sie sich nicht *absolut* sicher sind, daß Sie die Ziele des vorangegangenen auch wirklich beherrschen. *Der häufigste Fehler, den Männer begehen, ist der Versuch, alles zu schnell zu machen!*
6. Bei allen Schritten dürfen Sie, solange Sie die Übung *nicht* begonnen haben, nicht Ihre Genitalien berühren! Wärmen Sie sich zunächst auf, indem Sie *andere Teile Ihres Körpers* streicheln und sich auf Ihre Gefühle dabei konzentrieren. Vergewissern Sie sich, daß Sie, bevor Sie den Teil der Übung beginnen, wo Sie Ihre Genitalien berühren, *völlig entspannt* sind. Falls nötig, machen Sie eine der schnellen Entspannungsübungen, die ich im Anhang 5 beschreibe.
7. Sie dürfen während oder nach diesen Übungen nicht ejakulieren oder einen Orgasmus haben, außer es passiert rein zufällig!

Schritt 1 Erforschung und Stimulierung des Genitalbereichs. Konzentration auf die entsprechenden Gefühle, aber ohne die leiseste Spur einer Erektion zuzulassen

Benutzen Sie ein Gleitmittel, wie erwärmtes Babyöl. Schließen Sie die Augen, während Sie sich selbst erforschen und stimulieren, und *konzentrieren Sie sich dabei auf Ihre Gefühle.* Hören Sie *sofort* mit der genitalen Stimulation auf, wenn Sie gewahr werden, daß sich Ihr Penis *irgendwie vergrößert.* Streicheln Sie dann andere Teile Ihres Körpers so lange, bis Ihr Penis wieder seine normale nichterigierte Größe eingenommen hat. Fahren Sie dann mit der genitalen Stimulation fort. Probieren Sie verschiedene Berührungs- und Stimulationsarten aus – alles was Ihnen einfällt. Beschränken Sie sich nicht allein auf Ihren Penis – streicheln und liebkosen Sie auch Ihre Hoden, den Hodensack, die obere Innenseite der Oberschenkel, den Bereich unter Ihrem Hodensack vor Ihrem Anus. Tun Sie das ungefähr fünfzehn Minuten lang. Wenn Sie nach dieser Zeit das Bedürfnis haben, sich weiter bis zur Ejakulation stimulieren zu wollen, *so tun Sie das bitte auf keinen Fall!* Es ist *äußerst* wichtig, daß Sie am Ende dieser Übung *keinen* Orgasmus haben! Sollten Sie sehr erregt sein, so schaffen Sie mit einer kalten Dusche Abhilfe.

Wenn Sie das Gefühl haben, kurz vor einer Ejakulation zu sein, hören Sie, wie oben, *sofort* mit der genitalen Stimulation auf. *Setzen Sie die Stimulation nicht fort, bevor nicht dieses Gefühl völlig verschwunden ist!* Sollten Sie natürlich versehentlich dennoch ejakulieren, so kann daran nichts geändert werden, die Übung muß jedoch auf ein anderes Mal verschoben werden.

Wiederholen Sie diesen Schritt so oft wie möglich, bis Sie alle Arten des Berührens und der Stimulation ausprobiert haben, die Ihnen einfallen – überall in Ihrem Genitalbereich, wobei Sie sich auf die Empfindungen dabei konzentrieren. *Gehen Sie auf keinen Fall zum nächsten Schritt über,* bevor Sie nicht mindestens sechsmal diese Übung gemacht haben. Normalerweise werden Sie mehr Praxis nötig haben!

Schritt 2 Genitale Stimulation, Konzentration auf die dabei empfundenen Gefühle, bis zu einem gewissen Grad von Penisanschwellung

Der Verlauf ist exakt mit Schritt 1 gleich, nur daß Sie diesmal die Arten der Penismanipulation anwenden, die Sie als die meist stimulierenden kennengelernt haben. Vergessen Sie nicht, die nichtgenitalen Körperteile anzuwärmen! *Versuchen Sie unter keinen Umständen, aktiv Ihren Penis anschwellen zu lassen!* Stimulieren Sie sich einfach selbst, konzentrieren Sie sich auf die dabei auftretenden Gefühle, und lassen Sie keine weiteren Gedanken zu, machen Sie nötigenfalls die Übung, die den Gedankenfluß stoppt. Erlauben Sie Ihrem Penis zu tun, was immer er zu tun wünscht! Sobald Sie bemerken, daß er etwas anschwillt, hören Sie *sofort* mit der Stimulation auf, und streicheln statt dessen Ihre inneren Oberschenkel und den unteren Bauchbereich. Wenn er auf seine normale Größe zurückgeschrumpft ist, beginnen Sie wieder ihn zu stimulieren, bis er erneut *ein bißchen* anschwillt, wechseln Sie dann zum Streicheln der anderen Körperbereiche, bis er wieder völlig normal ist. Machen Sie das Ganze ungefähr zwanzig Minuten lang, hören Sie dann auf. *Widerstehen* Sie der Versuchung, sich am Ende noch zum Orgasmus zu stimulieren – dieses Verbot ist *außerordentlich* entscheidend!

Wenn Sie diese Übung wiederholen, fahren Sie damit so

lange fort, bis Ihr Penis *noch etwas mehr* als in der letzten Übung angeschwollen ist. In der nächsten Übung stimulieren Sie ihn so lange, bis er noch etwas mehr angeschwollen ist, als in der davor praktizierten Übung. Fahren Sie mit dieser langsamen Steigerung fort, bis Sie, nach ungefähr einem Dutzend Übungen, den Penis bis zu einer Größe stimuliert haben, die eine vaginale Penetration wahrscheinlich ermöglichen würde, *auch wenn er immer noch nicht ganz hart sein sollte!*

Sollten Sie wie bei Schritt 1 bemerken, daß Sie *bald* eine Ejakulation bekommen, dann hören Sie *bitte sofort* mit der Stimulation auf, und fahren Sie auch nicht damit fort, bis dieses Gefühl *nicht vollkommen verschwunden ist.* Sollten Sie versehentlich ejakulieren, unterbrechen Sie bitte einfach die Übung.

Zusammenfassung

1. Befolgen Sie meine Anweisungen ganz *exakt*!
2. Sie müssen für sinnliche Reize empfänglich sein, bevor Sie mit den Übungen beginnen. *Achten Sie darauf, daß Sie wirklich völlig entspannt sind, und es auch bleiben.* Vergessen Sie nicht, sich außer am Genitalbereich aufzuwärmen!
3. Konzentrieren Sie sich immer auf Ihre genitalen Empfindungen.
4. Reiben Sie Ihren Penis, Hodensack, unteren Bauchbereich und die Innenseite der Oberschenkel mit Gleitcreme ein.
5. Versuchen Sie niemals, Ihren Penis bewußt *anschwellen* zu lassen – lassen Sie ihn das machen, was er will.

6. Nachdem Sie durch die Übungen die nötige Praxis haben, erlauben Sie ihm jedesmal *etwas mehr* anzuschwellen als in der vorausgegangenen Übung.
7. Vermeiden Sie Hast! Sollten Sie diese Übung nach weniger als zwölf Sitzungen beenden wollen, so gehen Sie zu schnell voran. *Oft sind mehr* als zwölf Sitzungen nötig, um diese Übung wirklich zu beherrschen.

Mögliche Probleme

Das Hauptproblem ist, daß Ihr Penis eigensinnig reagiert, sich weigert anzuschwellen oder sich etwas erweitert und danach nicht mehr. Wenn das passiert, vergewissern Sie sich, ob Sie auch tatsächlich *ganz exakt* alle Regeln und Anweisungen befolgt haben! Falls nicht, dann beginnen Sie die Übung noch mal von vorn, und beachten Sie diesmal alle Vorschriften ganz genau. Haben Sie dagegen alles absolut korrekt ausgeführt, brechen Sie bitte die Übung ganz ab. Das nächste Mal, nachdem Sie überprüft haben, ob auch alle Bedingungen stimmen, probieren Sie die folgenden Vorschläge aus:

1. Machen Sie die Übung, indem Sie Ihren Penis mit beiden Händen anfassen, statt vorher nur mit einer. Umfassen Sie das Ende Ihres Penis mit Ihrer ungeschickteren Hand (bei den meisten die linke) und halten Sie gleichzeitig mit dieser Hand auch die lose Haut des Penis fest, so daß sie sich nicht mehr rauf und runter bewegen kann. Wenn nötig, drücken Sie das Ende Ihres Penis leicht, damit das Blut nicht so schnell hinausfließen kann. *Stimulieren* Sie nun mit der anderen Hand *kräftig* Ihren eingeölten Penis. Konzentrieren Sie

sich dabei auf die Eichel und den oberen Schaft, da dieser Bereich für die meisten von uns der sensibelste Teil ist. Auch wenn Sie ihn jetzt kräftig stimulieren, *vermeiden* Sie, ihn dabei bewußt *anschwellen* zu lassen. Wie immer macht er sowieso, was er will, und das müssen Sie einfach zulassen!

2. Einige Männer erzählten mir, daß es einfacher ist, diese Übung in einem warmen (nicht heißen) Bad zu machen. Sie können sich dann besser entspannen.

Wenn auch diese Vorschläge nach mehreren Versuchen nicht helfen sollten, überspringen Sie einfach Schritt 2 und wenden Sie sich Schritt 3 zu.

Schritt 3 Genitale Stimulation, Konzentration auf die dadurch bedingten Gefühle und Einsatz von sexuellen Phantasien, aber ohne eine Penisanschwellung zuzulassen

Auch diese Übung gleicht im Verlauf Schritt 1 (Selbststimulation, Konzentration auf die entsprechenden Gefühle, *aber ohne die geringste Penisanschwellung*), außer daß Sie sich diesmal zusätzlich zu Ihrer Penisstimulation eine Ihrer sexuellen Phantasien, wie Sie es im Anhang 7 geübt haben, einbilden. *Denken Sie daran, daß es beträchtlicher Praxis bedarf, sich selbst zu stimulieren, sich auf die Gefühle zu konzentrieren und sich in einer Phantasie zu verlieren.* Probieren Sie es einfach aus, und nach zwölf Sitzungen über einen Zeitraum von fünfzehn Minuten wird Ihnen das bestimmt gelingen. Fahren Sie damit fort, bis Sie *vollständig davon überzeugt* sind, daß Ihnen das *ganz leicht* fällt. Wenn Ihr Penis während dieser Übung anschwillt, behalten Sie Ihre Phantasie bei, aber streicheln und stimulieren Sie andere, ihn umgebende Hautbereiche, bis er wieder *völlig* auf seine normale Größe zurückgeschrumpft ist.

Sollten Sie das Gefühl einer bevorstehenden Ejakulation bekommen, verhalten Sie sich wie in Schritt 2 beschrieben.

Schritt 4 Genitale Stimulation, Konzentration auf die dadurch bedingten Gefühle sowie Einsatz von sexuellen Phantasien, mit Zulassung einer Penisanschwellung bis zu einem gewissen Grad

Auch diese Übung verläuft wie die im Schritt 2 beschriebene, nur daß Sie diesmal eine Ihrer geprobten Phantasien hinzufügen. Zunächst stimulieren Sie Ihren Penis wieder, bis er etwas angeschwollen ist, dann hören Sie mit der Stimulation auf. Beim zweiten Mal lassen Sie ihn noch etwas mehr anschwellen usw. Sie fahren so lange fort, bis der Penis eine ausreichende Erektion für eine vaginale Penetration erreicht hat.

Verhalten Sie sich wieder wie in Schritt 2 beschrieben, falls Sie das Gefühl einer bevorstehenden Ejakulation haben sollten.

Machen Sie *keine* zusätzliche Übung, solange Sie nicht *voll überzeugt* von Ihrer Fähigkeit sind, bis zu einem für die Penetration angemessenen Grad erigieren zu können, was Sie natürlich unter keinen Umständen versuchen zu tun! Vermeiden Sie Hast! Zügeln Sie Ihre Ungeduld!

Während Sie die anschließenden Übungen machen, fahren Sie damit fort, Schritt 4 wenigstens zweimal wöchentlich zu praktizieren, bis Sie zu den gemeinsamen

Erektionsübungen kommen. Dann können Sie mit dieser Übung aufhören.

Sollten während Schritt 4 irgendwelche Schwierigkeiten auftreten, wie eine eigensinnige Reaktion des Penis, dann halten Sie sich an die in Schritt 2 beschriebenen Vorschläge zum Thema ›mögliche Probleme‹.

Sollte Ihr Penis sich *beharrlich* weigern zu kooperieren, *obwohl* Sie alles so exakt getan haben wie vorgeschrieben und unter den richtigen Bedingungen, dann beenden Sie einfach diese Übung. *Seien Sie deswegen nicht besorgt, oder halten Sie sich auf keinen Fall für einen Versager! Denken Sie daran, nicht jede Übung ist richtig oder hilfreich für jede Person und jeden Penis!* Fahren Sie mit den anschließenden Übungen fort.

Was Sie tun können, wenn Sie keine kooperative Partnerin haben und immer noch keine für die Penetration notwendige Erektion bekommen, obwohl Sie die individuellen Erektionsübungen korrekt ausgeführt haben.

In diesem Fall sollten Sie sich um professionelle Hilfe bemühen. Bitten Sie Ihren Arzt um eine gründliche Untersuchung, ob nicht vielleicht ein körperliches Leiden Ihr Problem auslöst. Wenn das nicht der Fall sein sollte, suchen Sie bitte einen Sexualtherapeuten auf.

Sollten Sie keine Partnerin haben, aber erfolgreich diese individuellen Erektionsübungen absolviert haben, *lesen* Sie bitte *jetzt* die wesentlichen Teile von Kapitel 12 und Anhang 16, 17, und *tun Sie das, was dort vorgeschlagen wird.* Fahren Sie fort, Schritt 4 wenigstens zweimal wöchentlich zu machen, bis Sie von Ihrer Erektionsfähigkeit vollkommen überzeugt sind.

Anhang 11

Sexuelle Kommunikationsübung

Um diese Übung machen zu können, ist es nötig, daß Sie sich ein geeignetes Buch über die Techniken des sexuellen Verkehrs kaufen. Zu diesem Thema gibt es viele ausgezeichnete Bücher. Nachdem Sie ein bißchen in der Buchhandlung geschmökert haben, entscheiden Sie sich für eines, das zu Ihnen zu passen scheint. Einige sind etwas hochgestochen oder schwer zu lesen, oder einfach nur langweilig. Andere sind für Sie aus irgendwelchen Gründen ungeeignet. Viele finden Alex Comforts ›Freude am Sex‹ ausgezeichnet, obwohl es ziemlich intellektuell geschrieben ist und einen hohen Grad an sexuellen Kenntnissen voraussetzt.

Dieses Buch beabsichtigt *nicht*, Ihnen all zuviele sachliche Informationen zu vermitteln, obwohl jedes Paar, das diese Übung praktiziert, mit Sicherheit etwas Neues lernen wird, egal welches Buch es sich aussucht. Es ist *hauptsächlich* dazu gedacht, Ihnen und Ihrer Partnerin zu helfen, wie sie auf einfache Weise und ohne Scheu über alle Aspekte des normalen sexuellen Verkehrs kommunizieren können. Im folgenden gebe ich Ihnen einige Tips, wie Sie Ihr Buch benutzen sollten:

1. Lesen Sie die erste Seite laut Ihrer Partnerin vor. Wenn Sie das tun, kann jeder von ihnen das Ganze, wann immer er mag, unterbrechen und eine Frage dazu stellen, etwas einwenden usw. Diskutieren Sie am Ende der Seite *gemeinsam*, was vorgelesen wurde. Danach liest Ihre Partnerin die nächste Seite vor, und so fahren Sie abwechselnd fort.
2. Machen Sie die Übung ungefähr fünfzehn Minuten lang, und das, wenn möglich, jeden Tag. Etwas weniger und dafür öfter ist besser als längere, aber seltene Übungszeiten.

Je länger Sie sich durch dieses Buch arbeiten, desto leichter wird es Ihnen fallen, Ihre eigenen Ansichten und Gefühle über die vielfältigen Aspekte des Sexuallebens zum Ausdruck zu bringen. Das wäre mit Sicherheit nicht der Fall, wenn Sie mit Ihrer Partnerin nur darüber diskutiert hätten ohne ein entsprechendes Buch. Beinahe jeder, der diese Übung, die einige Monate dauern kann, gemacht hat, berichtet, daß sie folgendes gemeinsam erreicht haben:

1. Größere Bewußtheit ihrer eigenen individuellen Sexualität, ihrer Neigungen und Abneigungen, ihrer Vorlieben, Ängste, Phantasien usw.
2. Eine größere Bewußtheit über die Sexualität ihres Partners, seine Bedürfnisse, Wünsche, Abneigungen und Vorlieben.
3. Die Fähigkeit leicht und unproblematisch über *absolut jeden* Aspekt von Sexualität zu diskutieren, ohne Scham oder Verlegenheit dabei zu empfinden.

Ich denke, daß sich diese Übung nur positiv auf Ihr gemeinsames Liebesleben auswirken kann, Bedenken in bezug auf das richtige Praktizieren des Verkehrs indirekt mindert und Ihre Erregungsfähigkeit und Ihre sexuellen Techniken weitgehend verbessert.

Anhang 12

Gemeinsame Sensibilisierungsübungen

Lassen Sie mich gleich zu Anfang betonen, daß *diese* Übungen wahrscheinlich *die wichtigsten* sind, um Ihr Sexualleben und das Ihrer Partnerin aufzufrischen! Wie gut Sie diese Übungen machen, wird über die endgültige Qualität Ihrer gemeinsamen Beziehung von großer Bedeutung sein!

Tun Sie sich selbst einen Gefallen – praktizieren Sie diese Übungen sehr *sorgfältig,* und halten Sie sich so lange strikt an die Anweisungen, bis Sie *alle* jeweiligen Ziele erreicht haben!

Schritt 1

Dies ist eine Berührungsübung, und sie wird nackt praktiziert. Die äußeren *Bedingungen müssen* absolut *stimmen* – Privatsphäre, keine Störungen von außen, ein warmer Raum. Zusätzlich dürfen Sie nicht müde, nervös oder mit anderen Gedanken beschäftigt sein. Sollte es schwierig für Sie sein, eine halbe Stunde unter solchen Bedingungen zu ermöglichen, muß mit Ihrem Lebensstil irgend etwas nicht stimmen. Und das sollten Sie als erstes in den Griff bekommen! Eines der häufigsten Probleme ist, die nötige Privatsphäre und den richtigen Seelenfrieden zu finden, wenn kleine Kinder im Haus sind. Sie müssen sie einige Stunden Freunden oder Verwandten anvertrauen – wenn Sie wirklich die Absicht haben, Ihr Problem zu überwinden, *wird sich immer eine Lösung finden!* Denken Sie daran, den Telefonhörer neben den Apparat zu legen!

Entkleiden Sie sich gegenseitig, bis sie völlig nackt sind. Werfen Sie eine Münze, oder entscheiden Sie auf andere Art, wer von ihnen beiden der Berührer sein soll, der beginnen wird. Der Partner, der berührt werden soll, liegt nackt auf dem Bett, mit dem Gesicht nach oben oder nach unten. Das Licht im Raum sollte an sein. Der Berührer hat nun die Aufgabe, den Partner wirklich überall auf angenehme Weise zu berühren, *aber auf keinen Fall an den Brüsten und Genitalien, diese Stellen sind absolut verboten!* Der Berührer darf auch *auf keinen Fall* versuchen, den Partner sexuell zu erregen – das Ziel liegt einzig und allein darin, beim anderen angenehme Gefühle hervorzurufen. Sollte das dennoch bei dem einen oder anderen von ihnen der Fall sein, so ist das Pech, *denn diese Übung darf unter keinen Umständen dazu führen, daß Sie gegenseitigen sexuellen Kontakt aufnehmen oder masturbieren!* Sollten Sie dennoch in Erregung geraten, so duschen Sie bitte eiskalt, oder machen Sie einige Dutzend Liegestütze, um Ihre Erregung los zu werden!

Begehen Sie nicht den Fehler, Ihren Partner nur mit den Händen zu berühren. Sie können dazu Ihre Nase, Lippen, Zunge, Ellenbogen, Hintern, große Zehe usw. benutzen, und mit der Zeit können Sie alle diese Möglichkeiten ausprobieren sowie alle anderen, die Ihnen einfallen. Ein Ziel dieser Übung ist, daß Sie versucht haben, jede denkbare Art von Berührung an jedem Teil des Körpers des anderen auszuprobieren.

Die Person, die berührt wird, hat die Aufgabe mit geschlossenen Augen einen ununterbrochenen *(wörtlich – ohne eine Pause!)* Kommentar darüber abzugeben, wie sich die Berührung anfühlt (im Detail), und ob sie angenehm oder unangenehm ist. Die berührte Person hat die Freiheit, Wünsche zu äußern, um die oder jene Richtung der Berührung zu bitten usw.

Nach fünfzehn Minuten tauschen Sie die Plätze, so daß derjenige, der zuerst den anderen berührt hat, jetzt berührt wird. Beenden Sie die Übung, nachdem Sie nun umgekehrt Ihren Partner ebenfalls fünfzehn Minuten berührt haben. Sollten Sie sich aber nicht danach fühlen, es so lange zu praktizieren, dann brechen Sie eher ab – zwingen Sie sich um Himmels willen nicht, die vorgeschlagenen fünfzehn Minuten unbedingt einzuhalten!

Ein mögliches Problem

Wenn Sie längere Zeit keinen sexuellen Kontakt mehr mit Ihrer Partnerin hatten, dann könnte die Idee, sich im vollen Licht nackt gegenüberzustehen, zur Verlegenheit führen oder gar Furcht auslösen. Sie müssen wissen, daß die meisten Paare tatsächlich beim ersten Mal immer etwas verlegen sind oder sich komisch vorkommen, wahrscheinlich weil das Ganze eher gekünstelt und neu wirkt, als spontan und vertraut. Es ist vollkommen in Ordnung, wenn Sie auf andere Art und Weise, die Sie nicht so verlegen macht, mit der Übung beginnen. Sie können sie z. B. anfangs im Dunkeln oder in Nachtbekleidung oder Unterwäsche ausprobieren und steigern sich dann allmählich, bis Sie sie vollkommen nackt bei Licht praktizieren können.

Einige Varianten

Vielleicht interessiert es Sie, die Übung in einem Raum zu machen, der mit rotem Licht oder Kerzen beleuchtet ist. Ihre Körper wirken dann sinnlicher, und ästhetische Gesichtspunkte fallen nicht mehr so ins Auge, vor allem wenn Sie schon älter sind.

Probieren Sie auch bei wenigstens einigen Sitzungen aus, sich mit einer Bodylotion oder mit Massageöl einzureiben – das kann ebenfalls sehr sinnlich sein. Haben Sie Angst, Ihre Bettlaken zu beschmutzen, so legen Sie einfach ein paar Handtücher unter sich.

Wenn Sie an anderen Arten sinnlicher, nichtsexueller Berührung interessiert sind, so können Sie ein spezielles Buch über sinnliche Massage systematisch durcharbeiten.

Ziele, die Sie erreichen müssen, bevor Sie Schritt 2 beginnen

1. Sie sollten alle Arten von Berührung, die Ihnen einfallen, an jedem Teil des Körpers des anderen, ausgenommen Brüste und Genitalien, ausprobiert haben.
2. Während den Übungen sollten Sie *völlig* entspannt sein und sich wirklich daran erfreuen.
3. Sie sollten auch das ununterbrochene Reden über Ihre

Gefühle, und ob die Berührung für Sie angenehm ist oder nicht, beherrschen.
4. Es sollte Ihnen Spaß machen, dem anderen Anweisungen zu geben, was er exakt für Sie tun soll.

Ich bin *keinem* Paar begegnet, das diese Ziele in weniger als sechs halbstündigen Sitzungen erreicht hat, und ich kann Ihnen aus Erfahrung sagen, daß die meisten Paare viel mehr als sechs Sitzungen brauchten, um zu diesen Zielen zu gelangen. *Vermeiden Sie Hast – diese speziellen Übungen sind äußerst entscheidend!*

Sie denken vielleicht, daß sich das alles so sehr einfach anhört (und das ist es auch!), und überlegen, warum dies so wichtig ist. Es genügt zu sagen, daß in diesen so einfachen Übungen tatsächlich eine große Anzahl wichtiger Dinge passiert, die zunächst nicht so offensichtlich sind.

Es ist eine traurige Tatsache, daß für viele Leute, die diese Übung machen, es die erste Gelegenheit ist, die sie in ihrem ganzen Leben hatten, körperlich nackt zu sein, ohne etwas tun oder ein bestimmtes Ziel erreichen zu müssen.

Schritt 2

Wenn Sie sich *ehrlich* eingestehen können, daß Sie *alle* Ziele des ersten Teils dieser Übungen erreicht haben, dann wenden Sie sich dem zweiten Schritt zu. Er ist im wesentlichen genauso wie der erste, nur daß sich die ganze Aufmerksamkeit diesmal auf die Brüste (sowohl die männlichen als auch die weiblichen) und die Genitalien konzentriert – die Stellen des Körpers, die in der ersten Übung verboten waren.

Obwohl jetzt ganz offen sexuelle Teile des Körpers berührt werden, so heißt das auf keinen Fall, daß Sie das in Erregung versetzen soll! Tatsächlich ist es äußerst ärgerlich, wenn das passieren sollte, denn es hindert Sie daran, wirklich so viel wie möglich über sich selbst und Ihre Partnerin zu lernen. Außerdem kann Ihre Erregung gar nicht befriedigt werden, weil am Ende der Übung kein Liebesspiel oder irgendeine Form der Masturbation stattfindet! Duschen Sie also gegebenenfalls kalt, oder tun Sie etwas Entsprechendes! *Wenn Sie auch nur das geringste Anzeichen von Erektion bemerken, hören Sie sofort mit der genitalen Berührung auf,* und schmusen Sie statt dessen, bis Ihr Penis wieder seine normale Größe erreicht hat. In dieser Übung ist *unter keinen Umständen* eine Penisanschwellung erlaubt!

Wenn Sie den Genitalbereich Ihrer weiblichen Partnerin untersuchen und streicheln, so *müssen* Sie unbedingt ein Gleitmittel benutzen, sonst könnte es unangenehm für sie sein. Haben Sie keine gutriechende Bodylotion oder Massageöl, so nehmen Sie einfach erwärmtes Babyöl.

Da der Brust- und Genitalbereich verhältnismäßig klein ist, machen viele Leute den Fehler zu denken, es nimmt nicht viel Zeit in Anspruch, diesen zu erforschen. Er mag zwar klein sein, aber es ist notwendig, ihn bis ins winzigste Detail zu erkunden. Sie können z. B. ausprobieren, welche Art von Gefühl Ihr Zeigefinger auslöst, wenn er sanft einen Viertelzentimeter einer der inneren Schamlippen reibt. Sie können beispielsweise systematisch das Empfindungspotential des kleinsten Winkels und Ritzchens jedes Hautbereichs erforschen. Das wird mindestens sechs halbstündige Sitzungen in Anspruch nehmen, und wahrscheinlich noch mehr, um die Ziele des zweiten Schritts zu erreichen, die die gleichen sind wie in Schritt 1.

Denken Sie daran: Unter keinen Umständen darf diese Übung Sie dazu veranlassen, irgendeine Form des Liebesspiels oder der Masturbation anzufangen, nach keinem der beiden Schritte dieser Übung. Wenn Sie diesen Ratschlag ignorieren, so ist das zu Ihrem eigenen Schaden!

Anhang 13

Gemeinsame Erektionsübungen

Bevor Sie mit diesen Übungen beginnen, *müssen* Sie gründlich die individuellen Erektionsübungen durchgearbeitet haben, die im Anhang 10 erläutert wurden, *und* die gemeinsamen Sensibilisierungsübungen, die im Anhang 12 beschrieben sind.

Bevor Sie weitermachen, lesen Sie bitte noch einmal Anhang 10, da Sie jetzt etwas sehr Ähnliches gemeinsam machen werden. *Beachten Sie sorgfältig die Grundregeln zu diesen Übungen!*

Die meisten Paare finden, daß die Position, die in Abbildung 8 gezeigt wird, die komfortabelste für den Beginn der gemeinsamen Erektionsübungen ist. Ihre Partnerin sitzt nackt aufrecht im Bett, mit einigen Kissen im Rücken, die gegen das Bettende oder die Wand gelehnt sind. Ihre Beine liegen weit auseinandergespreizt ausgestreckt da.

Sie liegen nackt in entgegengesetzter Richtung auf dem Rücken, mit dem Kopf am anderen Ende des Betts. Ihre Beine liegen über ihren Oberschenkeln, so daß sie Ihren Genitalbereich bequem erreichen kann und dieser ihren eigenen Genitalien sehr nahe ist.

Abbildung 8 Die bequemste Anfangsstellung für die gemeinsame Erektionsübung

Schritt 1 Genitale Stimulation mit Konzentration auf die dadurch bedingten Gefühle, mit geschlossenen Augen, aber ohne die winzigste Spur einer Erektion zuzulassen

Die Anweisungen sind im allgemeinen genau die gleichen wie im Anhang 10, Schritt 1, außer daß Ihre Partnerin Sie nun stimuliert. Nachdem sie die gemeinsamen Sensibilisierungsübungen miteinander gemacht haben, ist es nicht mehr nötig, daß Ihre Partnerin Ihren Genitalbereich *erforschen* muß, genausowenig wie Sie, wenn Sie das gleiche bei ihr machen. Ihre Partnerin wird nun versuchen, Sie erregend zu stimulieren, aber ohne den geringsten Grad einer Penisanschwellung zuzulassen.

Wenn Sie das Gefühl haben sollten, gleich ejakulieren zu müssen, *so hören Sie sofort mit der genitalen Stimulation auf*, bis diese Gefühle *vollständig* verschwunden sind. Sollten Sie dennoch versehentlich ejakulieren, so kann man das nicht ändern – brechen Sie einfach die Übung ab, bis zum nächsten Mal.

Beachten Sie: Außer es passiert rein zufällig, darf es während und am Ende dieser und der folgenden Übungen zu keinem Orgasmus/keiner Ejakulation kommen!

Nach wenigstens sechs praktischen Sitzungen, und dann auch nur, wenn Sie völlig davon überzeugt sind, daß es Ihnen leichtfällt, sich auf Ihre körperlichen genitalen Empfindungen zu konzentrieren und dabei vollständig entspannt zu bleiben, wenden Sie sich der nächsten Übung zu.

Schritt 2 Genitale Stimulation, Konzentration auf die dadurch bedingten Gefühle, mit geschlossenen Augen, Zulassen einer Penisanschwellung bis zu einem gewissen Grad

Im wesentlichen gleicht diese Übung Schritt 2 im Anhang 10, nur daß Ihre Partnerin Sie dabei stimuliert. Lesen Sie deshalb noch einmal gemeinsam sehr sorgfältig die Anweisungen durch. Denken Sie daran, daß Sie unter gar keinen Umständen *versuchen* dürfen, Ihren Penis bewußt anschwellen zu lassen! Lassen Sie ihn das tun, was er zu tun wünscht!

Wiederholen Sie diesen Schritt über mehrere Sitzungen

lang, so lange bis Sie *völlig* davon überzeugt sind, daß diese Übung Ihren Penis schließlich bis zu einem Grad anschwellen läßt, der eine vaginale Penetration ermöglichen würde. Fahren Sie dann fort.

Sollten irgendwelche Schwierigkeiten auftreten, so halten Sie sich bitte an die Ratschläge, die unter ›Mögliche Probleme‹ bei den individuellen Erektionsübungen beschrieben werden, nur daß diesmal Ihre Partnerin das macht, was vorher Sie selbst getan haben. Wenn diese Vorschläge nicht helfen sollten, überspringen Sie einfach diesen Schritt 2 und wenden Sie sich Schritt 3 zu.

Schritt 3 Stimulation des Penis durch den Partner, ohne eine Penisanschwellung zuzulassen, Einsetzen von sexuellen Phantasien und Konzentration auf die genitalen Gefühle

Halten Sie sich genau an die Anweisungen von Schritt 3 im Anhang 10. Wenn es Ihnen leichtfällt, das alles zu tun, nehmen Sie den nächsten Schritt in Angriff.

Schritt 4 Stimulation des Penis durch den Partner, Einsetzen sexueller Phantasien und Konzentration auf die genitalen Gefühle, Zulassen einer Penisanschwellung bis zu einem gewissen Grad

Verfahren Sie genauso wie in Schritt 4, Anhang 10. Wiederholen Sie die Übung so lange, bis Sie *völlig* davon überzeugt sind, daß Sie das, was gefordert wird, beherrschen und Sie bis zu einem für die vaginale Penetration erforderlichen Grad erigieren können.

Sollten Sie irgendwelche Schwierigkeiten haben, folgen

Sie den Vorschlägen, die unter ›Mögliche Probleme‹ in den individuellen Erektionsübungen beschrieben werden, nur daß diesmal Ihre Partnerin Ihre Funktion übernimmt. Wenn das nicht hilft, überspringen Sie einfach Schritt 4 und wenden sich Schritt 5 zu.

Schritt 5 Vaginale Einführung Ihres völlig schlaffen Penis

Diese Vorgehensweise bezeichnet man umgangssprachlich weniger schön auch als ›Vaginastopfen‹. Sie tun das, indem Sie eine bestimmte Stellung, auch die Scherenstellung genannt, einnehmen. Bevor Sie mit der Übung fortfahren, müssen Sie erst diese Stellung beherrschen. Üben Sie die Scherenstellung ein paar Mal, wobei Sie ruhig Ihre Kleidung anbehalten können – sie ist nicht weiter schwierig, benötigt nur etwas Praxis, bis Sie nicht mehr darüber nachdenken müssen, was zu tun ist.

Die Scherenstellung (siehe Abbildung 9)

Ihre Partnerin liegt flach mit dem Rücken auf dem Bett mit angezogenen Knien, so daß der Winkel zwischen ihrem Oberschenkel und ihrer Wade 45 Grad ausmacht. Sie liegen auf Ihrer *linken* Seite, unterhalb der Beine Ihrer Partnerin, im rechten Winkel zu deren Körper und mit dem Gesicht zu ihr. Beide Körper bilden nun ein Kreuz, so daß sich die Genitalien fast berühren. Als nächstes rücken Sie so nahe an sie ran, daß Sie sie mit ihrem linken Arm umfassen können. In diesem Moment sollte sie sich *etwas* auf die linke Seite drehen. Dann verschlingen Sie Ihre

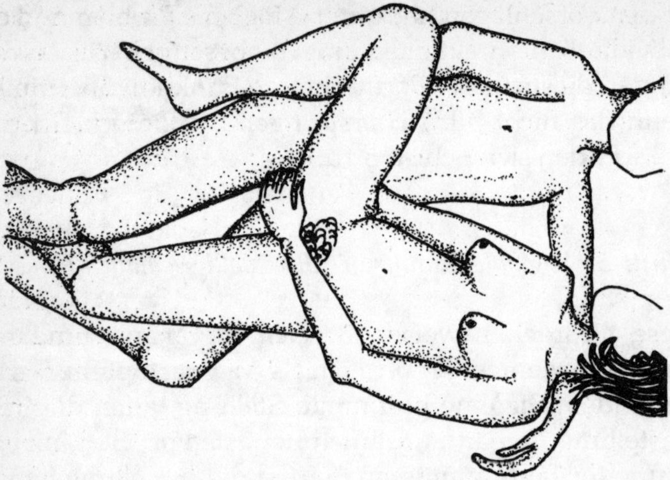

Abbildung 9 Die sogenannte ›Scherenstellung‹ für die gemeinsamen Erektionsübungen

Beine so, daß Ihr linkes Bein ganz unten liegt. Das linke Bein Ihrer Partnerin schiebt sich jetzt zwischen Ihre beiden Beine, und Ihr rechtes Bein liegt oben über ihrer rechten Hüfte.

Es hört sich kompliziert an, aber es ist wirklich sehr einfach auszuführen, und dies ist eine – wenn nicht die einzige überhaupt – der entspanntesten und bequemsten Stellungen, die es für den Geschlechtsverkehr gibt!

Wie Schritt 5 praktiziert wird

Bitten Sie Ihre Partnerin, Ihren Penis *und* ihre eigenen Genitalien und Hände mit etwas warmem Babyöl oder ähnlichem einzureiben, während sie beide die Scherenstellung einnehmen, wobei Ihr schlaffer Penis fast ihre Vagina berührt. *Benutzen Sie reichlich Gleitmittel!* Sollten Sie die auch nur *geringste Spur einer Erektion* bemerken, so müssen Sie warten, bis Ihr Penis wieder auf seine normale Form zurückgeschrumpft ist! Ihre Partnerin versucht nun mit beiden Händen, Ihren schlaffen Penis in ihre Vagina zu stecken.

Sie kann die Finger ihrer linken (ungeschickteren) Hand benutzen, um ihre Schamlippen zu spreizen und die Vagina dadurch zu öffnen, während die Finger ihrer rechten Hand den Kopf des Penis hineinschieben. Wenn er einmal drin ist, so versucht sie, so viel vom Schaft wie möglich mit beiden Händen hineinzubekommen. Es ist oft hilfreich, wenn sie dabei ihre vaginalen Muskeln (Beckenmuskeln) zusammenzieht und entspannt.

Um diese Übung zu beherrschen, ist eine gewisse Praxis erforderlich, aber versuchen Sie dennoch dabei Ihren Spaß zu haben. Wenn es beim ersten Mal zu schwierig sein sollte, so hören Sie einfach damit auf, bevor Sie frustriert reagieren, und probieren Sie es später noch einmal. Vergessen Sie bitte nicht, *daß Ihr Penis völlig schlaff sein muß!* Es ist natürlich möglich und tatsächlich auch viel einfacher, einen halberigierten Penis hineinzubekommen, aber diese Übung ist allein dafür gedacht, daß Sie lernen, Ihren *völlig schlaffen Penis* einzuführen.

Wenn Ihre Partnerin lange Fingernägel hat, so muß sie sie kürzen, da sie sonst versehentlich Ihren Penis verletzen könnte. *Nach einiger Übung wird sie das allerdings auch perfekt mit langen Nägeln können!*

Steckt Ihr schlaffer Penis in der Vagina Ihrer Partnerin, so lassen Sie ihn dort, ohne sich zu bewegen, ungefähr eine Minute lang, dann ziehen Sie ihn heraus und wiederholen die Einführung ein halbes Dutzend Mal während einer Sitzung. Wiederholen Sie Schritt 5 so oft, bis Sie *beide* davon überzeugt sind, daß sie den schlaffen Penis in der Scherenstellung leicht und schnell einführen können.

Während der Übung müssen Sie *unbedingt passiv* bleiben! Sie dürfen *auf keinen Fall* versuchen, bei der Einführung zu helfen!

Ihre einzige Aufgabe besteht darin, daß Ihr Penis schlaff bleiben muß! Halten Sie die Augen dabei geschlossen, und konzentrieren Sie sich auf die Gefühle in Ihrem Penis, ob sie angenehm sind oder was auch immer, während Ihre Partnerin lernt, diese Übung zunehmend geschickter auszuführen.

Wenn Sie es nach einiger Zeit mit viel Übung immer noch schwierig finden, mit schlaffem Penis in dieser Stellung in Ihre Partnerin einzudringen, *dann* können Sie Ihrer Partnerin auf folgende Weise helfen: Legen Sie in der Scherenstellung Ihren rechten Daumen und Zeigefinger fest um das Ende Ihres Penis. Das Penisende wird dadurch künstlich härter und macht die Einführung für Ihre Partnerin leichter.

Sollten Sie bei dieser Übung das Gefühl haben, daß Sie gleich ejakulieren müssen, bitten Sie Ihre Partnerin, *sofort* damit aufzuhören, bis dieses Bedürfnis sich *völlig* gelegt hat! Sollten Sie jedoch unbeabsichtigt dennoch ejakulieren, *fahren Sie einfach mit der Übung fort, als sei nichts passiert!*

Schritt 6 *Vaginale Penetration in der Scherenstellung mit schlaffem Penis, Versuch des Mannes, mit schlaffem Penis in die Vagina einzudringen*

Die Übung ist Schritt 5 ähnlich, nur daß Sie diesmal versuchen müssen, in Ihre Partnerin ohne Erektion einzudringen. Um das zu ermöglichen, *muß* Ihre Partnerin Ihren Penis mit dem Zeige- und Mittelfinger ihrer rechten Hand (oder der linken, wenn das bequemer sein sollte) festhalten, damit er nicht hinausrutschen kann, *und* ihn etwas drücken, um einen ähnlichen Effekt wie eine Aderpresse zu erzeugen.

Sie können ebenfalls diesen Effekt bewirken, indem Sie Ihren rechten Daumen und Zeigefinger um das Ende Ihres Penis legen.

Es mag beträchtlich helfen, wenn Ihre Partnerin, während Sie *eindringen*, ihre Vaginalmuskeln *entspannt* und sie *zusammenzieht*, wenn Sie ihn *herausziehen*. Damit ihr das leichtfällt und sie es ganz automatisch macht, empfiehlt sich die regelmäßige Beckenmuskelübung von Anhang 6.

Seien Sie darauf gefaßt, daß es einige Praxis erfordert, diese Übung in den Griff zu bekommen.

Falls Sie während dieses Schritts zu erigieren beginnen sollten, so müssen Sie sofort die Übung unterbrechen und warten, bis Ihr Penis wieder seinen Normalzustand erreicht hat!

Wenn es Ihnen nach einiger Übung leicht fällt, mit schlaffem Penis in die Vagina Ihrer Partnerin einzudringen, mehr oder weniger so lange Sie wollen, dann unterbrechen Sie die Übung, ruhen Sie sich eine Weile aus, und beginnen Sie dann das Ganze von vorne. Wiederholen Sie alles sechsmal bei jeder Sitzung.

Wenn Sie spüren, daß es bald zur Ejakulation kommen wird, hören Sie *sofort* mit der Übung auf, und warten Sie so lange, bis das Gefühl einer unmittelbar bevorstehenden Ejakulation *völlig verschwunden* ist. Fahren Sie dann dort fort, wo Sie aufgehört haben. Sollten Sie unbeabsichtigt ejakulieren, so kann man das nicht ändern, und Sie setzen einfach die Übung fort.

Es passiert gelegentlich, daß es ein Paar aus dem einen oder anderen Grund schwierig findet, mit einem schlaffen Penis in die Vagina einzudringen. Wenn das bei Ihnen der Fall sein sollte, obwohl Sie sich sehr bemüht haben, dann lassen Sie diese Übung einfach weg. *Haben Sie dann aber nicht das Gefühl, versagt zu haben! Denken Sie daran, daß nicht jede Übung für jedes Paar und jeden Penis die richtige sein kann!*

Der nächste Schritt

Jetzt lassen Sie sich von Ihrer Partnerin zu einer Erektion stimulieren, die ausreichend für eine vaginale Penetration ist, aber ohne jede Hilfe. Das heißt, Ihre Partnerin wendet nicht die oben gelernten Übungen an.

Wenn Sie Schritt 4 der gemeinsamen Erektionsübungen erfolgreich absolviert haben, so können Sie sich jetzt zu einer Erektion, die ausreichend ist für eine adäquate normale vaginale Penetration, manipulieren lassen. Erst dann fahren Sie mit den nun folgenden Schritten fort.

Wenn Sie Schritt 4 nicht befriedigend vollziehen können, *dann probieren Sie auf keinen Fall die restlichen Schritte aus!*

Schritt 7 Vaginale Penetration in der ›weiblich aktiven Stellung‹, aber mit dem Verbot jeglicher Bewegung nach dem Eindringen, danach vollständiges Schlaffwerden des Penis in der Vagina

Was ist die ›weiblich aktive Stellung‹?

Abbildung 10 zeigt diese Stellung. Sie liegen nackt flach auf dem Rücken mit ausgestreckten, dicht nebenein-

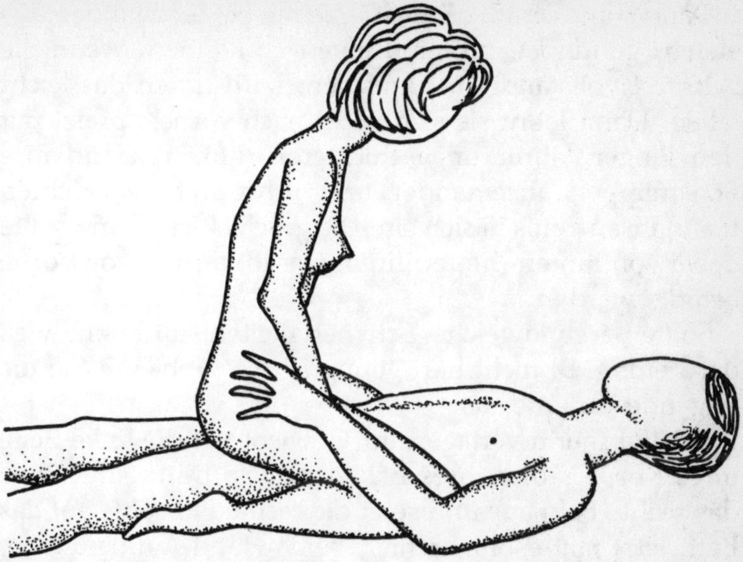

Abbildung 10

ander liegenden Beinen. Ihre nackte Partnerin kniet mit gespreizten Beinen über Ihnen, wobei sie ihr Gewicht auf ihre Beine und Füße verlagert. Sie sitzt teilweise auf Ihrem Oberschenkel und schaut Sie an, wobei ihr Oberkörper leicht nach vorne geneigt ist. Ihr Penis und ihre Genitalien liegen sehr nahe beieinander.

Wie Sie Schritt 7 vollziehen

Zunächst macht Ihre Partnerin Ihren Penis und ihre eigenen Genitalien mit einem Baby- oder Massageöl gleitfähig.

Dann stimuliert Sie Ihren Penis mit beiden Händen, bis er hart genug ist, um eindringen zu können. Wenn Sie Schritt 4 vollständig beherrschen, wird Ihnen das leicht fallen. Dann lehnt sie sich leicht nach vorne, spreizt mit den Fingern ihrer ungeschickteren (linken) Hand ihre Schamlippen auseinander und führt mit der rechten Hand Ihren Penis in sich ein. Die geschicktere Hand sollte dabei von hinten (hinter ihrem Gesäß) anstatt von vorne betätigt werden.

Sollten irgendwelche Schwierigkeiten auftreten, weil der Penis z. B. nicht hart genug ist, so probieren Sie die folgende Variante aus:

Ihre Partnerin verlagert ihr Gewicht auf die linke Seite ihres Körpers und ihres linken Beines. Dann streckt sie das rechte Bein aus und setzt die rechte Fußsohle auf das Bett. Jetzt fällt es ihr leichter, beide Hände zu benutzen, um den Penis einzuführen. Nachdem das gelungen ist, nimmt sie wieder die ›weiblich aktive Stellung‹ ein. Geht Ihre Erektion während des Einführens verloren, so beginnen Sie die Übung noch einmal von vorne.

Wenn Sie in ihr sind, bewegt sich keiner von ihnen beiden, und sie warten beide so lange, bis der Penis *völlig* schlaff in der Vagina geworden ist. Dann löst sich Ihre Partnerin von Ihnen und legt sich einige Minuten neben Sie, um ihren Rücken und ihre Beine auszuruhen, bevor sie alles erneut wiederholt. Das Ganze sollte sechsmal in jeder praktischen Sitzung erfolgen und wird wahrscheinlich zwanzig bis dreißig Minuten dauern, was auch von der Länge der Ruhepausen Ihrer Partnerin abhängig ist.

Was müssen Sie währenddessen tun? Sie haben die Augen geschlossen, konzentrieren sich auf die Gefühle in Ihren Genitalien und verlieren sich in einer erfreulichen sexuellen Phantasie. Sie stellen nichts anderes als Ihren Penis zur Verfügung. Wenn es Sie erregt, Ihre Partnerin währenddessen zu streicheln, *und* wenn sie damit einverstanden ist, dann tun Sie das, aber halten Sie Ihre Augen geschlossen, und fahren Sie fort, sich auf Ihre Gefühle und die Phantasie zu konzentrieren.

Sollten Sie zu irgendeinem Zeitpunkt glauben, gleich ejakulieren zu müssen, *so unterbrechen Sie sofort das, was Sie gerade tun, und warten Sie darauf, bis dieses Gefühl vollständig verschwunden ist.* Beginnen Sie dann den Schritt von vorn. Wenn Sie unabsichtlich ejakulieren, so beenden Sie einfach die Übung für dieses Mal.

Wenn Sie *absolut davon überzeugt* sind, daß Sie in dieser Stellung *wiederholt* adäquat für eine Penetration erigieren, Ihren Penis dann in der Vagina völlig schrumpfen lassen und erneut adäquat für eine Penetration erigieren können, dann wenden Sie sich dem nächsten Schritt zu.

Schritt 8 Vaginale Penetration in der ›weiblich aktiven Stellung‹, wobei Sie sich, aber nicht Ihre Partnerin, langsam bewegen

Sie verfahren hierbei genauso wie in Schritt 7, aber nachdem Ihre Partnerin Ihren Penis eingeführt hat, bewegen Sie ihn langsam rein und raus. Ihre Partnerin darf sich nicht bewegen. Sie dürfen *auf keinen Fall* versuchen, einen Orgasmus zu bekommen oder Ihre Partnerin zu erregen! Während Sie sich langsam hinein- und hinausbewegen, schließen Sie die Augen, konzentrieren Sie sich auf Ihre genitalen Gefühle und auf eine Phantasie. Wie schon vorhin, können Sie Ihre Partnerin zusätzlich dabei streicheln.

Wenn deutlich erkennbar ist, daß Sie fortfahren können, sich so zu bewegen, mehr oder weniger so lange Sie wollen, und immer noch den Grad der Erektion haben, den Sie zu Beginn hatten, hören Sie mit der Übung auf, und bitten Sie Ihre Partnerin, sich auszuruhen. Wiederholen Sie den ganzen Schritt sechsmal in jeder praktischen Sitzung.

Bei einem Gefühl bevorstehender Ejakulation verhalten Sie sich wie in Schritt 7.

Wiederholen Sie diese Übung so lange, bis Sie vollkommen überzeugt sind, daß Sie Ihren Penis in die Vagina bekommen, ihn sich langsam bewegen lassen können und er so erigiert bleibt wie zu Beginn, dann ziehen Sie ihn nicht raus, sondern wiederholen die ganze Übung ohne Schwierigkeiten noch einmal. Dann, und erst dann, können Sie sich dem nächsten Schritt zuwenden.

Schritt 9 Vaginale Penetration in der ›weiblich aktiven Stellung‹, wobei Sie sich beide langsam bewegen

Gehen Sie genauso vor wie in Schritt 8, außer daß sich jetzt Ihre Partnerin auch langsam dabei bewegt. Sie machen das so lange, bis offensichtlich ist, daß Sie damit so lange fortfahren können, wie Sie wollen, und dabei den Grad an Erektion behalten, den Sie zu Beginn hatten. Dann unterbrechen Sie den Schritt, damit Ihre Partnerin sich etwas ausruhen kann, und wiederholen die Übung.

Sie sind für den letzten Schritt bereit, wenn Sie wiederum völlig überzeugt von Ihrer Fähigkeit sind, wiederholt diese Übung in einer einzigen praktischen Sitzung ohne Schwierigkeiten machen zu können.

Verhalten Sie sich bei bevorstehender Ejakulation wie in Schritt 7.

Schritt 10 Vaginale Penetration in der Scherenstellung, wobei beide sich langsam bewegen

Auch dieser Schritt wird exakt so gemacht wie in Schritt 9, nur daß Sie diesmal wieder die Scherenposition einnehmen.

Wenn Sie sich total sicher sind, daß Sie diese Übung wiederholt in einer einzigen praktischen Sitzung ohne Schwierigkeiten machen können, so können Sie davon ausgehen, daß Sie die Fähigkeit, adäquat für den Geschlechtsverkehr zu erigieren, erlangt haben!

Jetzt, und wirklich erst jetzt, ist das Verbot, auch nur den geringsten Versuch zu machen, während des sexuellen Kontakts in die Vagina einzudringen, aufgehoben. Von jetzt an können Sie, wenn Ihnen danach ist, beim Liebesspiel Geschlechtsverkehr ausüben. Natürlich wird Ihnen manchmal nicht danach zumute sein, aber mit Ihrer neuen Einstellung dem Liebesleben gegenüber wird Ihnen eine andere erfreuliche, sexuell befriedigende Art einfallen. *Beachten Sie, eine Zeitlang zumindest, die Vorschläge im Anhang 14!*

Was Sie tun können, wenn Sie, obwohl Sie die gemeinsamen Erektionsübungen absolut korrekt gemacht haben, immer noch nicht adäquat für eine normale vaginale Penetration erigieren können?

In diesem Fall müssen Sie sich um medizinische Beratung bemühen. Lassen Sie sich von Ihrem Arzt gründlichst untersuchen, um herauszufinden, ob ein körperliches Leiden für Ihr Problem verantwortlich ist. Wenn dem nicht so ist, wenden Sie sich bitte an einen entsprechenden Therapeuten.

Falls Sie das alles schon getan haben, dann üben Sie, außer man hat Sie anders instruiert, die Einführung mit oder ohne Hilfe Ihrer Partnerin, ohne eine Erektion dabei zu haben und nur in der Scherenstellung, so lange, bis sie beide das sehr gekonnt beherrschen. Dann wiederholen Sie das Ganze, nur fügen Sie diesmal allem eine sexuelle Phantasie hinzu. Wenn Ihre Partnerin damit einverstanden ist, können Sie sie zusätzlich dabei streicheln. Vergessen Sie nicht, sich auf Ihre genitalen Gefühle zu konzentrieren, ebenso wie auf die Phantasie.

Wenn Ihnen beiden das alles sehr leicht fällt, so kann das frühere Verbot, jeden Versuch der vaginalen Penetration während des spontanen Liebesspiels zu vermeiden, aufgehoben werden. Und wenn Sie sexuellen Kontakt haben, können Sie Geschlechtsverkehr mit einem schlaffen Penis ausüben, *wenn Sie das wollen! Nehmen Sie jedoch immer die Scherenposition ein!* Setzen Sie die erlernten Fertigkeiten ein beim Einführen mit Hilfe Ihrer Partnerin und allein, ohne eine Erektion zu haben.

Wenn es Ihnen Schwierigkeiten bereitet, mit einem schlaffen Glied in der Vagina zu ejakulieren, so müssen Sie außerhalb der Vagina zum Orgasmus stimuliert werden. Sie sollten auch Ihre Partnerin mit der Hand zum Orgasmus stimulieren.

Sie werden bald feststellen, wenn Sie erst einmal wissen, daß Sie Geschlechtsverkehr ohne Erektion tatsächlich haben können, daß der Zwang, erigieren zu müssen, verschwindet. Sie werden sich allmählich immer weniger Sorgen deswegen machen, und Ihre Erektionsfähigkeit wird langsam zunehmen. Befolgen Sie alle Vorschläge in diesem Buch mit Akribie und Sorgfalt, so daß Sie soviel wie möglich davon für sich beherrschen lernen.

Was tun, wenn Ihnen Experten nicht gegen Ihre Impotenz helfen können?

Suchen Sie einen weiteren Experten auf, bevor Sie sich entscheiden, daß Ihr Problem unlösbar ist. Sollte man Ihnen diese Schlußfolgerung aufgezwungen haben, seien Sie nicht verzweifelt! Gehen Sie gemeinsam mit Ihrer Partnerin alle Punkte durch (siehe 12. Kapitel), und überlegen Sie, was für Sie beide das geeignetste wäre.

Anmerkungen für Frauen zu den gemeinsamen Erektionsübungen

Es gibt gar *keinen* Zweifel an der Tatsache, daß es für Sie keine Freude ist, diese Übungen zu machen! Sie tun das aber sicherlich gerne, um Ihrem Partner zu helfen, weil Sie ihn gern haben und ihn unterstützen wollen. Ihre geduldige Kooperation und Beharrlichkeit wird außerdem aus folgenden Gründen gut belohnt werden:

a) Wenn das Erektionsproblem überwunden ist, werden auch Sie persönlich mehr sexuelle Freude an Ihrem Liebesleben haben.
b) Sie werden feststellen, daß Ihre Kooperation sie als Paar sehr viel näher bringt, Ihre Beziehung und das innere Band zwischen ihnen stärkt.
c) Sie werden auch bemerken, daß Ihr Partner Ihnen das nicht vergessen wird, was Sie für ihn getan haben! Die Dankbarkeit eines impotenten Mannes, der mit der Unterstützung seiner Partnerin geheilt wurde, *stirbt niemals!* Ein ehemals impotenter Mann wird diese Hilfe niemals vergessen! Und das wird Ihr eigenes Leben auf alle mögliche Art und Weise sehr bereichern.

Der häufigste Fehler, den Frauen machen, wenn sie diese Übungen praktizieren, ist die *zu sanfte* Stimulation des Penis mit der Hand. Im Gegensatz zu den weiblichen Genitalien, die sehr feinfühlig sind und eine äußerst vorsichtige Handhabung erfordern, sind Penisse ziemlich robuste Burschen, die alle Arten von rauher Handhabung schon überlebt haben, wie z. B. auf einem Fußballfeld gestoßen zu werden, sich in Stacheldrahtzäunen zu verfangen, Reißverschlüssen und ähnlichem ausgeliefert zu sein. *Stimulieren Sie Ihren Partner in den Übungen sehr kräftig mit der Hand!* Sie können seinen Penis nicht verletzen, solange Sie ein geeignetes Gleitmittel benutzen! Lesen Sie noch einmal den Abschnitt im 12. Kapitel über die Ejakulation ohne Erektion, und darin die besonderen Tips in bezug auf die wirksamste Penisstimulation. Denken Sie daran, daß Ihr Partner der größte Experte ist, was die erregendste Art, seinen Penis zu stimulieren, betrifft, *also zögern Sie nicht, ihn zu bitten, Ihnen einige Tips zu geben, oder Ihnen vielleicht zu zeigen, welches der effektivste Weg ist, dies zu tun.*

Anhang 14

Tips, wenn Geschlechtsverkehr wieder erlaubt ist

Nachdem Sie Ihr Problem mit Hilfe der Übungen überwunden haben, ist es Ihnen wieder gestattet, während des sexuellen Kontakts auch Geschlechtsverkehr zu praktizieren. Sie werden jedoch feststellen, daß, *obwohl* Sie jetzt tatsächlich wieder in die Vagina eindringen können, und das wann immer sie wollen, es dennoch *einige Monate* dauern wird, bis Sie *völlig* von dieser Fähigkeit *überzeugt* sind! Mit anderen Worten, es wird noch einige Zeit in Anspruch nehmen, bis Sie sexuellen Kontakt haben können, ohne den *geringsten Zweifel*, daß Ihr Penis vielleicht nicht so will, wie Sie wollen! Daß dies einige Zeit braucht, ist aber *völlig normal*.

Solange Sie nicht den Zustand erreicht haben, in dem Ihnen das Liebesleben viel Spaß bereitet, und Sie sich *keinerlei* Gedanken über eventuelle Erektionsschwierigkeiten machen, obwohl Ihr Penis jetzt unbeirrbar immer richtig reagiert, sollten Sie folgendes berücksichtigen:

1. Praktizieren Sie den Geschlechtsverkehr immer in der Scherenstellung. Es ist einfach die entspannteste und bequemste Stellung von allen, und in ihr kann Ihre Partnerin bei der geringsten Schwierigkeit helfen: sie

kann den Penis einführen; ihre Beckenmuskeln benutzen; mit der geschickteren Hand das Penisende umfassen, um Sie zusätzlich zu stimulieren oder wie eine sanfte Aderpresse zu wirken.

Nebenbei bemerkt, ist diese Stellung aber auch für Ihre Partnerin sehr angenehm, da sie sich nicht so erdrückt fühlt, sie sich so frei bewegen kann, wie sie will, und Sie können ihr leicht die Brüste und die Klitoris stimulieren, *während* Sie in sie eindringen.

2. Fahren Sie fort, Schritt 2 von Anhang 13 einmal wöchentlich zu praktizieren, eine Übung, die keinen sexuellen Kontakt und *keinen* Orgasmus erlaubt! Gleich nachdem Sie angefangen haben, wieder Geschlechtsverkehr auszuüben, sollten Sie unbedingt diese Übung wiederholt trainieren.
3. Vereinbaren Sie gemeinsam, daß jedes dritte Mal, wenn Sie sexuellen Verkehr haben, unter keinen Umständen die vaginale Penetration stattfinden darf! Setzen Sie statt dessen andere gegenseitig befriedigende Techniken ein.

Bedenken Sie, daß früher oder später praktisch *jeder Mann* auf diesem Planeten zu einem bestimmten Zeitpunkt, an dem er sie sich wünscht, keine adäquate Erektion hat! Das passiert normalerweise, weil er seine persönlichen Voraussetzungen ignoriert hat! Sollten Sie jemals wieder Schwierigkeiten haben, eine Erektion zu bekommen und sie zu behalten, so ist das keine Sache des *Willens,* sondern eine Frage der Zeit!

Erinnern Sie sich bitte, *das passiert jedem anderen Mann auch!* Und es ist *normal und unvermeidlich,* und Sie können einfach nicht besser sein als normal! Das nächste Mal, wenn Ihr Penis sich gegen Sie entscheidet, dann tun Sie folgendes:

1. Lachen Sie *laut* darüber zusammen mit Ihrer Partnerin! Sagen Sie spaßeshalber vielleicht folgendes: »Der gute alte Percy streikt. Vielleicht habe ich ihn nicht gut genug gefüttert!«
2. Und danach etwa folgendes: »Was soll's, wir werden es trotzdem genießen, und uns einfach ein paar andere nette Dinge einfallen lassen!«
3. *Sie dürfen sich unter keinen Umständen dafür entschuldigen oder sagen, daß es Ihnen leid tut!* Da ist *nichts,* wofür es sich zu entschuldigen gibt! Sie tun das nicht mit Absicht, um Ihrer Partnerin irgend etwas vorzuenthalten! Außerdem gibt es absolut keinen Grund, warum Sie sich in schlechte Stimmung versetzen sollten, (eine Entschuldigung bewirkt das oft) für etwas, was normalerweise von Zeit zu Zeit *allen* Männern passiert!
4. Fahren Sie mit dem Liebesspiel fort, konzentrieren Sie sich darauf, so viel Vergnügen dabei zu empfinden wie möglich, und das auch Ihrer Partnerin zu bereiten, einschließlich eines Orgasmus, wenn einer von Ihnen beiden das wünschen sollte.
5. *Bemühen Sie sich niemals verkrampft, eine Erektion zu bekommen, und verbieten Sie auch Ihrer Partnerin, das bei Ihnen zu versuchen!* Sobald Sie bemerken, daß Ihr Penis nicht so will, wie er soll, tun Sie das von mir oben Vorgeschlagene und geben Sie den Gedanken an eine Erektion vollkommen für dieses Mal auf! *Machen Sie nicht den Fehler, später noch einmal zu versuchen, eine Erektion zu bekommen!*
6. Während dieses sexuellen Kontakts und danach, und besonders kurz bevor und während des nächsten Mals,

gestatten Sie sich *nicht einen einzigen Gedanken an Erektionen!* Machen Sie die den Gedankenfluß stoppende Übung. Denken Sie daran, es gibt wirklich keinen einzigen Grund, *warum Sie sich Sorgen machen sollten!* Wenn Sie es jedoch zulassen, an Erektionen zu denken, so werden Sie sich irrational wieder Gedanken darüber machen, und das würde sich wahrscheinlich auf Ihre Erektionsfähigkeit negativ auswirken!

7. Vereinbaren Sie mit Ihrer Partnerin, daß sie beim nächsten sexuellen Kontakt *keinerlei Versuch* machen werden, in die Vagina einzudringen, selbst wenn Sie eine perfekte Erektion haben sollten! Dadurch üben Sie keinen Druck auf Ihren Penis aus, und auch das hilft Ihnen, sich keine Sorgen deswegen zu machen.

Anhang 15

Übungsvorschläge, um die Auswirkungen der destruktiven Sexualmythen zu überwinden

Zusätzlich zu den speziellen Vorschlägen, die im 5. Kapitel aufgelistet wurden, können Sie die praktischen Übungen aus Anhang 1 machen, um die Auswirkungen einiger besonders auf Sie persönlich zutreffender destruktiver Sexualmythen zu überwinden.

Sie können sich z. B. bewußt als zusätzliche Übung dazu entscheiden, die Form Ihres sexuellen Verhaltens zu verändern, indem Sie genau das Gegenteil von dem tun, was Sie früher für richtig gehalten haben. Möchten Sie z. B. den destruktiven Effekt überwinden, daß Männer während des Sex immer aktiv sein müssen, so vereinbaren Sie mit Ihrer Partnerin, daß – wann immer es zum sexuellen Kontakt kommen sollte – sie für absolut alles zuständig ist. Sie selbst bleiben völlig passiv und machen buchstäblich überhaupt nichts, so lange bis Ihre Partnerin Sie bitten sollte, jetzt etwas für sie zu tun.

›Selbstkontrolle‹ (Anhang 1, Übung 3) ist äußerst wirksam, beinahe jeden Mythos (oder eine automatisch unlogische Denkweise) zu überwinden. Setzen Sie sie jedoch immer *nur* gegen *einen* Mythos ein für einen gewissen Zeitraum! Wenn Sie sie gleichzeitig gegen eine ganze

Reihe von Sexualmythen einsetzen, ist die Übung lange nicht so wirkungsvoll.

Sprechen Sie detailliert mit Ihrer Partnerin über Ihre *irrationalen Gefühle* oder Emotionen, die auf einem Mythos basieren oder durch ihn assoziiert werden. Das kann eine großartige Hilfe sein, und wird im Anhang 1, Übung 4, näher erläutert. Erzählen und überzeugen Sie auch andere Personen von der Absurdität dieser Mythen (Anhang 1, Übung 6) – eine äußerst wirksame und hilfreiche Methode für Sie selbst.

Reden Sie mit dem Mythos, als sei er ein ungezogenes Kind (Anhang 1, Übung 7), oder äußern Sie laut Ihre übertriebenen Bedenken, was der Mythos, wenn er wahr wäre, für gegenwärtige und zukünftige Auswirkungen haben könnte (Anhang 1, Übung 8).

Auch das Premack-Prinzip und Autosuggestion sind sehr zu empfehlen, aber setzen Sie das ebenso wie bei der ›Selbstkontrolle‹ nur gegen *einen bestimmten Mythos eine Zeitlang ein!* Vergessen Sie nicht, die Mythen nach *logischen, positiven Gesichtspunkten* noch einmal aufzulisten, wenn Sie diese beiden Übungen machen sollten.

Anhang 16

Einige Tips für das erste Mal mit einer neuen Partnerin

Die meisten Männer und Frauen haben Angstgefühle, wenn sie das erste Mal Sex mit einem neuen Partner machen wollen, außer es ist eine rein kommerzielle Angelegenheit. Die Gründe für diese Reaktion sind zahlreich, aber im wesentlichen neigen wir wohl dazu, in dieser Situation etwas unsicher zu sein, weil wir emotional so aufgeregt sind. Die meisten versuchen natürlich, diese Ängste zu vertuschen, aber dem aufmerksamen Beobachter entgehen sie nicht!

Die Grundregel

Vermeiden Sie unter allen Umständen sexuellen Kontakt mit einer neuen Partnerin, solange die *meisten* Ihrer persönlichen Voraussetzungen, um auf sexuelle Reize empfänglich reagieren zu können, nicht erfüllt sind. Denken Sie an die Ratschläge des 6. Kapitels! Besonders wichtig sind die folgenden:

1. Nehmen Sie erst dann sexuellen Kontakt auf, wenn Sie sich *sexuell echt interessiert* fühlen!

2. *Vermeiden* Sie sexuelle Situationen, wenn Sie sich auf irgendeine Art und Weise angespannt, besorgt, wütend, schuldig usw. fühlen!

Einige wichtige Gesichtspunkte

1. Lernen Sie Ihre Partnerin zunächst genauer kennen, so daß sie Ihnen vertraut wird, und entscheiden Sie dann, ob *Sie wirklich Sex mit ihr haben wollen.*
2. Machen Sie sich klar, daß es kein Gesetz gibt, das verlangt, daß Sie Sex *haben* müssen, nur weil Sie die Gelegenheit dazu hätten oder weil Sie mit einer Partnerin zusammen sind, die das gerne möchte. Wenn Ihnen nicht danach zumute ist, so sagen Sie etwa folgendes: »Es mag sich merkwürdig anhören, aber Sex ist für mich etwas ganz Besonderes, und je mehr du mich anmachst, desto lieber möchte ich warten, bis ich dich besser kenne – vielleicht macht es uns dann viel mehr Spaß.« Sie wird jetzt nicht vermuten, daß mit Ihnen etwas nicht stimmt, sondern Sie eher für diese Stellungnahme *respektieren.*
3. Sie müssen auch nicht gleich aufs Ganze gehen! Vielleicht ist es Ihnen angenehmer, alles allmählich, etappenweise anzugehen! Sie können z. B. die ersten Male mit einer einfachen Massage beginnen, beim nächsten Treffen streicheln Sie die Brüste und Genitalien Ihrer Partnerin und erklären ihr dabei: »Ich vermute, ich bin ziemlich altmodisch, aber Geschlechtsverkehr ist für mich etwas ganz Besonderes, und ich möchte dich ganz langsam überall kennenlernen, bevor wir völlig intim werden – vielleicht macht es uns beiden dann ja noch mehr Spaß.«

4. Sehr geschickt und wirksam gegen Angstgefühle ist die Methode, *diese Ängste einfach zuzugeben!* Tun Sie das möglichst unbefangen, so etwa in dem Stil: »Ist es nicht völlig verrückt, aber je mehr ich mich zu dir hingezogen fühle und mit dir Sex haben will, desto unruhiger und ängstlicher werde ich – ist das nicht blöd?« *Indem Sie es zugeben, überwinden Sie es schon größtenteils!* Oft genug wird Ihre Partnerin dann anfangen zu lachen und zugeben, daß es ihr genauso geht. In diesem Fall können Sie sich beide entspannen, denn es gibt keinen Grund mehr, einander etwas vorzumachen.
5. Erinnern Sie sich an das, was ich über die ›ehrliche Aussprache‹ im 12. Kapitel gesagt habe.

Anhang 17

Einige schlechte Angewohnheiten, die vermieden oder überwunden werden sollten

Die Ursachenanalyse dieser Angewohnheiten reicht weit über das eigentliche Thema dieses Buches hinaus, aber ich habe mich dennoch entschlossen, kurz darauf einzugehen. Warum? Erstens ist das, was ich zu sagen habe, eine sinnvolle Durcharbeitung der negativen Einflüsse, die ich früher schon einmal angesprochen habe. Zweitens würde es mir, nachdem ich Ihnen geholfen habe, Ihre Impotenz zu überwinden, gar nicht gefallen, wenn Sie riskieren, in bezug auf Ihre Sexualität wieder Fehler zu begehen, nur weil ich Sie an einige einfache Fakten nicht erinnert habe!

Die folgenden schlechten Angewohnheiten in bezug auf Ihre Sexualität habe ich in keiner bestimmten Reihenfolge aufgelistet und auch eher stichwortartig, und sie sind auch nicht sehr sorgfältig ausgearbeitet. Mit etwas Nachdenken werden Sie sie sicherlich verstehen!

1. Das Ignorieren ihrer ›Voraussetzungen‹, um für sexuelle Reize empfänglich zu sein und entsprechend reagieren zu können! Das gilt für Sie *beide*, und sollten Sie ein Paar sein, so wird es mit zunehmendem Alter noch wichtiger.

2. Gewohnheit. Lieben Sie sich hauptsächlich immer auf die gleiche Art und Weise? Sogar zur gleichen Zeit und am selben Ort? Würde Ihnen Ihr Essen noch schmecken, wenn Sie tagaus, tagein immer das gleiche Essen zur gleichen Zeit, und am gleichen Ort, zu sich nehmen müßten?
3. Warten Sie mit dem Sex immer bis zur Schlafenszeit? Sie können nicht erwarten, kreativ, sinnlich, intuitiv, aktiv und empfindsam zu sein, wenn Sie am Ende eines langen Tages müde sind!
4. Zu schnelles Streicheln der Brüste und Genitalien gleich zu Beginn. Vergessen Sie nicht, miteinander zu schmusen, sich langsam zu küssen und andere Teile des Körpers zu liebkosen!
5. Das Einführen des Penis durch den Mann – das sollte *immer* die Aufgabe der Frau sein!
6. Versäumen, während des Liebesspiels miteinander zu sprechen! Sie sollten Koseworte, Bitten, Informationen und ein entsprechendes Feedback austauschen über Ihre Wünsche und Bedürfnisse!
7. Beim Sex über alltägliche Dinge sprechen! Sie vermitteln dadurch Ihrer Partnerin, daß Sie in Gedanken ganz woanders sind, und das wirkt für jemanden, der seine Liebe für Sie in diesem Moment ausdrücken will, wie ein Schlag ins Gesicht!
8. Mit anderen Problemen während des Sex beschäftigt sein! Wenn Sie sich geistig dem, was Sie gerade gemeinsam erleben, nicht hingeben können, wieso um Himmels willen praktizieren Sie dann Sex? Das ist nicht nur eine schlechte Angewohnheit – es ist eine *Gemeinheit*, und sehr verletzend, und eine offene *Beleidigung* Ihrer Partnerin!

9. Gewohnheitsmäßig nicht genügend Zeit für das Liebesspiel zu haben! Haben Sie immer oder sehr oft dabei eine innere Uhr im Kopf?
10. Druck auf Ihre Partnerin auszuüben, einen Orgasmus haben zu müssen. Das Liebesspiel hat *nichts* mit Pflichterfüllung oder Druck zu tun! Orgasmus ist *nicht* unbedingt dabei erforderlich!
11. Das Tragen von störender Kleidung (oder noch Schlimmerem)! Ihr Penis wird z. B. wenig Interesse haben, zur Verfügung zu stehen, wenn Ihre Partnerin Lockenwickler im Haar und eine Gesichtsmaske aufgetragen hat, oder wenn sie ein tristes Nachthemd trägt, daß nur noch geeignet ist, um den Fußboden damit zu polieren. Auch Sie selbst sollten rasiert und entsprechend gekleidet sein.
12. Haben Sie keinen Sex, wenn Sie irgendwie schlecht riechen!
13. Lieben Sie sich nicht, wenn ihre Genitalien ungewaschen sind!
14. Niemals einen Orgasmus anders bekommen zu wollen als in der Vagina, oder bei den Frauen nur durch das Eindringen des Penis!
15. Keine Unterbrechung des Liebesspiels! Wenn Sie den sexuellen Kontakt beginnen und ihn unausweichlich so lange vollziehen, bis es zum Geschlechtsverkehr kommt und dieser beendet ist, dann *vermissen* Sie die Freuden des unterbrochenen Liebesspiels! Das heißt natürlich nicht, daß Sie zwischen einer oralen Genitalstimulation und dem Geschlechtsverkehr aus dem Bett springen sollen, um den Rasen zu mähen. Aber es heißt, daß Sie sich, nachdem Sie einander bis zu einem bestimmten Grad erregt haben, sich einfach

mit Ihrer Partnerin unterhalten, lachen, schmusen, etwas Musik hören usw., bevor Sie sich wiederum sexuell stimulieren. Oder würde es Ihnen gefallen, ein wunderbares viergängiges Menü einzunehmen – ohne eine Unterbrechung zwischen den einzelnen Gängen? Machen Sie Pausen, um sich an der Atmosphäre zu erfreuen, zügeln Sie Ihren Appetit, um so lustvoller ist dann das, was folgt!

16. Nach dem Geschlechtsverkehr alle körperlichen und verbalen Ausdrücke von Zuneigung *abzubrechen*. Altmodisch gesagt, das Nachspiel zu vergessen.
17. Sex nur im Dunkeln zu machen!
18. Sofort nach dem Geschlechtsverkehr aus dem Bett zu springen, um sich die Genitalien zu waschen. Wenn Sie denken, daß Sex schmutzig ist, dann müssen Sie noch ganz schön erwachsen werden!
19. Zuneigung nur dann zu zeigen, wenn Sie sexuellen Kontakt mit Ihrer Partnerin wünschen.
20. Niemals die Sexualorgane Ihrer Partnerin lustvoll zu erkunden, außer wenn es erforderlich ist, um Geschlechtsverkehr haben zu können! Lustvolle, sanfte, liebende Genitale und die Brüste stimulierende Liebkosungen sollten Teil Ihres täglichen zärtlichen Körperkontakts sein!

Merken Sie, wie schnell man in so eine Gewohnheit hineinschlüpft, ohne sich dessen richtig bewußt zu sein?

Anhang 18

Begriffsregister

Aderpresse	Ein Gerät, das fest um einen Teil des Körpers befestigt wird, um den normalen Blutfluß zu stoppen
After (Anus)	Der Darmausgang unter den Gesäßbacken
Antidepressiva	Ein Medikament gegen Depressionen
Arterie	Ein Gefäß, das einen Teil des Körpers mit frischem Blut versorgt
Arteriosklerose	Eine Arterienerkrankung, wobei sich die Gefäße verengen
Autosuggestion	Selbstbeeinflussung im entspannten Zustand
Becken	Der beckenförmige Ring von Knochen am unteren Rumpf
Beschneidung	Eine Operation, um die Vorhaut des Penis zu entfernen
Buck-Faszie	Faserreiches, derbes Gewebe, das die Corpora cavernosa und das Corpus spongiosum des Penis umgibt
Bulbospongiosus	Eines von einem Muskelpaar, das unter den Beckenknochen einen Teil der Peniswurzel bedeckt
Chronisch	Ein langanhaltendes Leiden
Corpus cavernosum	Einer der Schwellkörper auf jeder Seite des Penis, der ausschließlich für die Erektion zuständig ist. Beide zusammen werden als Corpora Cavernosa bezeichnet.
Corpus spongiosum	Der Schwellkörper, der die Harnröhre umgibt
Crus penis	Die Basis des Corpus cavernosum auf jeder Seite des Penis, unterhalb und verbunden mit den Beckenknochen
Desensibilisierung	Die psychologische Behandlung unangemessener Angstgefühle (oder Schuld, Wut usw.)
Detumeszenz	Nachlassen der Penisanschwellung oder Erektion
Eichel	Der Kopf des Penis oder das ausgedehnte Ende des Corpus spongiosum
Einpflanzung	Ein operativ in den Körper eingesetzter Gegenstand, aus unschädlichem Material, der bestimmten Zwecken dienen soll

Ejakulation Das Ausscheiden von Samenflüssigkeit aus der Harnröhre

Endokrine Drüsen Spezielle Körperorgane, die Hormone produzieren, die dann dem Blutstrom zugesetzt werden

Erektil Zur Aufrichtung fähig, schwellfähig (von Organen, vor allem von Penis)

Erektion Die Anschwellung des Penis über seine natürliche Größe hinaus. Muß aber nicht die maximale Größe erreichen (volle oder komplette Erektion)

Fetisch Ein persönliches, spezifisches Objekt oder eine Situation, die notwendig oder besonders geeignet sind, sexuelle Erregung hervorzurufen

Gedankenfluß stoppen Eine einfache, psychologische Methode, sich von sinnlosen Gedanken zu befreien

Genitalien Die äußeren Sexualorgane, die für die Fortpflanzung zuständig sind

Glans penis siehe Eichel

Harnröhre Röhre, durch die der Urin von der Blase bis zum Ende des Penis fließt

Hoden Zwei eiförmige Gebilde, die in einem Hautsack an der Peniswurzel hängen

Hodensack Der Hautsack an der Peniswurzel, in dem sich die Hoden befinden

Hormone Wirkstoffe, die von einer Drüse im Körper produziert werden, die für die normalen Funktionen einiger anderer Körperorgane wichtig sind

Ischiocavernosus Eines der Muskelpaare, die einen Teil der Peniswurzel unter den Beckenknochen bedecken

Klitoris Ein winziges, sehr empfindsames Gebilde im oberen Bereich der weiblichen Genitalien, das weibliche Äquivalent zum Penis

Koffein Ein anregendes, wachmachendes Mittel, das in Kaffee, Tee und Colagetränken enthalten ist

Korona Der gewölbte Wulst um den Kopf des Penis

Libido Sexuelles Interesse oder Lust

Masturbation Das Stimulieren der eigenen Genitalien, um Lustgefühle und eventuell Orgasmen zu erzeugen

Nerven Spezielle Stränge, die Botschaften vom oder zum Gehirn und dem Rückenmark senden

Nikotin Ein toxisches Mittel, das im Tabak enthalten ist und die Blutgefäße verengen kann

Orgasmus Ein plötzliches, äußerst lustvolles Gefühl, bei Männern normalerweise in Verbindung mit einer Ejakulation. Der Höhepunkt sexueller Erregung und Lust

Peniskolben Der ausgedehnte Teil des Corpus spongiosum, der die Harnröhre, kurz nachdem sie aus der Blase austritt, umfaßt

Phantasien	Ausgedachte Szenen oder eine Reihe von Gedanken, Tagträume
Placebo	Ein Wirkstoff, der ausschließlich psychologisch wirkt und zum Teil ausgezeichnete Erfolge zu verzeichnen hat. Auch wenn dieser Wirkstoff nur Zucker ist
Potenz	Die Fähigkeit, eine adäquate Erektion zu bekommen, wenn man es wünscht
Premack-Prinzip	Eine einfache, psychologische Methode, um sich immer wieder positive Gedanken oder Verhaltensweisen ins Gedächtnis zu rufen
Prognose	Aussicht auf Heilung oder Besserung
Prothese	Eine Peniseinpflanzung in die Schwellkörper, um eine künstliche Erektion zu erzeugen
Refraktärzeit	Die Zeit nach der Ejakulation oder dem Orgasmus, bevor ein Mann wieder eine Erektion bzw. einen Orgasmus bekommen kann
Rückenmark	Kleinfingerdicker Strang, reicht vom Atlas im Wirbelkanal über die Wirbelsäule bis zum Lendenwirbel
Schwellkörper	Die Anschwellung des Penis wird durch Blutansammlung in den Schwellkörpern verursacht
Sedative	Beruhigungsmittel, die oft schläfrig machen
Selbstkontrolle	Das Aufzeichnen von ungewünschten Gedanken oder Verhaltensweisen, sofort nachdem sie vorgefallen sind, führt zu einer Abnahme dieser Gedanken oder Verhaltensweisen in der Zukunft
Sinnlichkeit	Sich Körpersinne bewußt machen und lustvoll erleben, wie Berühren, Hören, Sehen, Geschmack und Geruch
Testosteron	männliches Hormon aus den Hoden
Tranquilizer	Beruhigungsmittel, die normalerweise nicht schläfrig machen
Tunica albuginea	Eine dicke, druckunempfindliche Hülle, die jeden Schwellkörper umgibt
Vagina	Der weibliche Scheidengang, der von den äußeren Genitalien bis zur Gebärmutter führt
Vene	Ein Gefäß, das Blut von einem Teil des Körpers zurück zum Herzen transportiert
Vibrator	Ein elektrisches Gerät, das schnelle Vorwärts- und Rückwärtsbewegungen ausführt
Vorhaut	Die Haut, die teilweise oder vollständig den Kopf des Penis bedeckt und bei der Beschneidung operativ entfernt wird
Wirbelsäule	Die Knochen, die aufeinanderfolgen, um das Rückgrat zu bilden